JN028163

Mary Jo Hatch

Organizations
A Very Short Introduction

組織論の
エッセンス

日野健太・宇田 理
監訳

加藤敬太・真木圭亮・伊藤智明・松﨑保昌
訳

同文舘出版

組織化に関わるすべてのひとたちへ

`

はしがき

　みながしているので，組織化は興味の対象だ。みなさんの中には組織化なんてしたことがないよ，という方がいるかもしれないが，いえいえ，したことがあるはずだ。

　机やタンスの中のものを並び替えて，ものを見つけやすくしたことはあると思うし，書類をファイルで整理したことだってあるはずだ。文化祭の劇やイベントを企画したり，パーティーを開いたり，友だちをまとめてドッジボールやファンタジー・フットボールで遊んだりしたことは？　また，みなさんは家族の一員だと思うし，教会で活動したことがあるかもしれない。学校に通ったことは？

　もしそうであれば，あなたは１つまたは複数の組織のメンバーであったことになる。中には中小企業や大企業，政府機関，または慈善団体でなにか仕事をしたことがある人がいるかもしれない。そういう人は組織を内部から見た経験がある，ということになる。

　このように組織はどこにでもあるし，組織化は人生における主要な活動だ。これは，意識するかしないかにかかわらず，確かな事実である。組織化についていろいろ学べば，役に立つだけではなく，そのおもしろさの虜になるかもしれない。

　本書は，組織と組織化について考えるための入り口として，またガイドとして役立つ。経験を踏まえて読めば，これまで出会った多くの組織について，おそらく今まで思いつきもしなかったことをわかってもらえると思う。私自身の経験を踏まえたストーリーと同じように，みなさんも経験に当てはめられるようなことに気がつけば，本書を読むことがもっと楽しくなるはずだ。

この本は一般の読者を対象としている。テーマに関する予備知識はほとんど必要ないが，すでにある程度の知識を持っている人には，本書を新たな洞察を得るのに役立つレビューとして読んでもらえると思う。読み進めていくと，かなり抽象的なアイディアや考え方に出会うはずだ。そこは，具体例と結びつけて，組織に関するより複雑なアイディアや考え方をやさしく理解できるように心がけた。好奇心さえあれば，本書は，豊かで実りある読書体験を提供することと思う。

また，組織に関する偉大な思想家たちの何人かと，彼らが組織の研究にもたらしたアイディアや考え方も取り上げている。しかし，すべてを説明するのには数が多すぎるので，みなさんが友人や同僚に最も話したくなるようなものを選んでいる。これまで知らなかった思想家に出会うたびに，彼らが生きていた時代を知って，組織に関する知識が積み重ねてきた歴史と，アイディアや考え方が生み出された時代背景を学んでほしいと思う。

全体像を把握するために，まずこの本を最初から最後まで読み通すことをおすすめしたい（短いので，どうかご心配なさらず!）。その後，各章をもう一度読んでみて欲しい。組織について考えるには，いくつかの概念を組み合わせたほうが楽しく，頭の中で少し時間をかけることでアイディアや考え方がつながって，おいしいシチューのように概念同士が相互に影響し合っていく。ぐつぐつ煮込めばアイディアも考え方も味わいは深まり，より洗練されたものとなるはずだ。

組織と組織化というアイディアが長く驚きで私を満たしてきた理由は，それらを仕事だけではなく，人生全般に応用できるためだ。この Very Short Introduction で紹介されているアイディアや考え方が読者のみなさんを驚かせたり，よろこばせたりするだけではなく，

みなさんの現在と将来におおいに役立つことに気がついて欲しいと
願っています。

Mary Jo Hatch

イプスウィッチ，マサチューセッツ

2010 年 11 月 14 日

謝辞

　まず，本書の最終原稿を時間をかけて丁寧に読み，徹底的に検討してくれた夫で組織心理学者であるフィリップ・マーヴィスに感謝したい。そして，親愛なる友人にして隣人でもある音楽家のヘレン・ダンフォースは，時間を惜しまず草稿を読み，音楽に基づくいくつかの思慮深い洞察を含め，多くの有益なコメントやアイディアを提供してくれた。イエテボリ大学ビジネス・デザイン・ラボの同僚であるウッラ・ヨーワンソン教授とストックホルム商科大学のカイ・ショルドベリ教授は，組織におけるパワーについて書くにあたり，励ましと示唆を与えてくれた。また，オックスフォード大学出版局の編集者であるアンドレア・キーガン，ディヴィッド・ミュッソン，エマ・マーチャント，ヘレン・ヒル，そして，このプロジェクトを承認し成功に導いてくれた匿名の査読者にも感謝する。最後に，真実はできるだけ多くの次元で伝えられるべきだと教えてくれた，マハンタであり，リビング ECK マスターである，シュリ・ハロルド・クレンプに深甚なる感謝をささげる。

　読者のみなさんにも，彼らの貢献を知っていただけたら幸いである。

目　次

はしがき　i

謝辞　iv

Chapter 1
組織とは何か？

小史 ——————————————————————————— 3

３つのO：実体としての組織，個別具体的な組織，組織化 —— 8

組織のメタファー ——————————————————— 13

▍機械としての組織　14

▍有機体（生命システム）としての組織　16

▍文化としての組織　19

▍精神の監獄としての組織　22

Chapter 2
最善の組織化の方法とは？

組織の社会構造とデザイン ——————————————— 29

▍階層　31

▍分業　33

▍部門化　35

▍官僚制　37

組織の物的構造 ——————————————————————— 40

テクノロジーの影響と環境 ——————————————— 44

▍新技術とコンピュータ革命　52

▐ 技術的要請 vs コンティンジェンシー理論：
最善の組織化の方法をめぐる終わりなき探究　54

Chapter 3
組織であることが意味するのは何か？

社会的構築とセンスメーキング ──────────────── 59
制度，制度化，制度的環境 ─────────────────── 64
  ▐ 正当性，正当化，制度化された期待　65
  ▐ 制度的環境：市場，官僚制，社会運動の役割　67
組織文化とシンボリズム（シンボルによる意味の生成） ── 70
  ▐ シンボルと文化的意味を説明することの複雑さ　73
  ▐ 社会化と予期せぬ要素　76
  ▐ サブカルチャー　78

Chapter 4
組織化は誰に利益をもたらすのか？

権力，ポリティクス，依存 ─────────────────── 83
アイデンティティのポリティクスと多様性 ────────── 91
批判的なポストモダンの声 ─────────────────── 98

Chapter 5
組織化はどのように生じるのか？

組織の発展と変化 ────────────────────── 111
組織における文化とアイデンティティのダイナミクス ─── 118
  ▐ 文化と組織化　119

▌ アイデンティティと組織化　122

複雑性，創発，ネットワーキング ——————— 127

Chapter 6
私たちはどこへ向かうのか？

NGO，社会運動，常に変化し続けることとしての組織化 —— 139
文化，スピリチュアリティ，多次元物理学 ——————— 144
組織化のアートとクラフト—デザイン美学とジャズ— ——— 149

Appendix 補遺
組織論の研究者は，なぜ意見を
異にするのか：ポリティクスと哲学

客観主義　対　解釈主義 ————————————— 156
ポストモダンの（言語論的）転回 ———————————— 160
プロセスで考える ————————————————— 164

注　167
参考文献　179
訳者解説　183

事項索引　189
人名索引　192

組織論のエッセンス

Chapter 1

組織とは何か？[1]

組織（organization）というものは，期待される状態や結果を手に入れようとするときに生じる。事前に計画を練ったり，その場の思いつきで即興的にやったり，あるいはその両方を組み合わせたりする際に組織が作られるが，どの場面でも人々の力をうまく調整することが求められる。大きな石を坂の上まで転がすという目標を例にとって考えてみよう。その石は巨大で，1人では坂道を転がせない（図表1a）。みなの力をうまく調整しないと（図表1c），2人以上で押しても歯が立たないのである（図表1b）。

　とはいえ，人間は坂道で石を転がすより，もっと複雑な目標に挑んできた。ニール・アームストロングとバズ・オルドリンを月に送ったプロジェクトでは，オフィスの掃除やクリップの購入といった単純な作業から，宇宙飛行士の訓練，宇宙船の設計・製造・打ち上げといった複雑な業務に至るまで，どの活動もうまく調整されて

図表1　組織ができるプロセス：a）に描かれている人物は，大きな石を坂の上まで運ぶという，1人では対処できない目標に直面し，途方に暮れている。b）の状況では2人の助っ人が見つかったものの，2人の力を引き出せず，坂の下から石を1ミリも転がせないでいる。c）の状況では，助っ人2人の動きを組織して，期待される結果を手に入れている

いた。世界中のレストランや魚屋に鮮魚を提供している東京築地の魚市場（日本）は，カルタヘナ（スペイン），ハリファックス（カナダ），ボストン（アメリカ），釜山（韓国）の沖合漁船の乗組員の調整された仕事と，水揚げ量を調べ，入手できる最高の鮮魚を買いつけ，トロ箱に詰めて東京へ出荷する日本人バイヤーにあらかた頼っている[2]。このように，人間の興味関心や活動の調整が及ぶ範囲は，単純な作業から非常に複雑なものまで様々で，その目標は日常的なものから特別なものまで多岐にわたっているのである。

小史

　こうした組織化（organizing）のプロセスは，太古の昔から私たちの身近に存在してきた。人類は文字のない先史時代から，狩りをして食料を集め，雨風をしのぎ，子供たちを守り育てるために人々を組織し，精神を磨くために，芸術を生み出し宗教を実践してきた。こうして目標に向かって群れをなすことで，人類最初の組織である家族や部族が誕生した。もちろん，チンパンジーや猿は人類誕生以前から群れをなしていたし，その前から，アリはコロニーを，ミツバチは巣を作っていた。社会性を持つ種であれば，組織化が生態系の生存競争で生き残るチャンスを高めてくれることを，多少は知っていたわけである。まさに，そうした種の多くが持っている知識や創造力は，組織化を通じて，技術の進歩や経済文化的繁栄を伴い，種の存続や文明化をもたらすのである。

　組織化において，実は協調と同じくらい競争が重要である。これは矛盾しているように見えるが，そうではない。競争が生じるのは，人や組織が競争環境の中で食料やそれ以外のニーズ・欲求を満たしているからである。もし資源が無尽蔵にあれば，組織化は必須のものではなくなる。例えば，食物が木から落ちてきて，年中温暖な気

候で，生命を脅かす危険がない場合，芸術，宗教，哲学などの娯楽や啓蒙に必要な形態の組織があれば十分なのだ。けれども，資源は常に限られている。そのため，争いの種が食料，領土，異性，仕事のどれであっても，生きること自体が私たちを競争に駆り立てる。個人は集団内の地位やポストをめぐって競争し，集団同士も相手集団を服従させようと競争するので，組織が協調を通じて目標を達成するときでさえ，競争が常に組織の一部を構成しているのである。

　さて，人類が作ってきた組織は，同じく群れをなすアリ，ミツバチ，猿などの種が作る組織と比べると，かなり複雑である。人類が狩猟採集民族から農耕民族へと移り変わっていく中で，部族は村へ，そして街，都市，都市国家，国民国家へと発展し，複雑さを増していった。それと同時に起きたもう1つの変化は専門化であり，1人1人の活動範囲を制限することで，特定の領域やスキルに関する専門的な技術や知識を獲得できるようになる。例えば，畑の手入れや子供の教育が不要ならば，建築のスキルが向上するかもしれない。もちろん，人間以外の種でも専門化が見られる。ミツバチの群れは2〜6万匹の集団からなっているが，その中で働きバチの役割は子守，警備，巣作り，死骸の運搬，女王バチの付き添いなどに専門分化している。
　専門化が進むと，社会を構成する人々が利用できる財やサービスの質が向上し，種類が増え，生産や運搬が効率化し，より短時間で多くの作業が行えるようになるので社会の役に立つ。共同生活が専門化やそれがもたらす相互依存を通じて発展するにつれ，人間社会やそれを構成する組織は多様化していく。例えば，人はそれぞれに異なる役割を果たしているが，似たような才能と関心を持つ人同士が協力して特化したタスクに取り組むことで，異なった組織ができ上がる。そして，様々な組織同士が関わり合うことで，専門化と分

化が促されていく。こうした組織同士のやり取りには戦争行為も含まれるが，平和時には商取引を活発化させ，経済活動をもたらすのである。

　経済活動がうまく行くかは人間同士の信頼形成にかかっており，その元になるのが，商取引が継続してうまくいった経験である。こうした経験が意味するところを組織の用語で理解するには「制度」という別の概念が必要となる。制度とは，昔からある活動や組織のことで，社会の安定につながる行動を促し，それまで解消されてこなかった社会問題を解決してくれるものである。

　具体的な制度の例として，握手，貨幣，銀行，結婚，家族，宗教，政府などがある。ここでは貨幣と銀行という制度を見てみよう。どちらも経済活動の創出と安定化を目的として，商取引に必要な信頼を築く際，簡単に解消されない問題に対処するために作られた。人々は，貨幣を取り扱うルールを制定し，銀行のような組織的な金融制度を作る一方で，そうしたルールに違反した人に対処するための（裁判所や刑務所といった）別の法的制度を設けたのである。

　こうした制度が社会を安定させ，社会の連携が都市国家や国民国家へと発展していくにつれて，商取引やそれ以外の組織的な活動は，徴税や組織の許認可といった制度的な手続きを通じて，公的に管理されるようになった。そのため，国家が組織に対して与える許認可や特許状には，（商業，工業，法律，教育といった）特定の活動を行う権利とともに，法人格の付与も含まれることになった。

　時代が進むにつれ，制度化された企業は，教会や軍隊とパートナーを組み，互いの組織が持つ富と影響力を組み合わせて，探索や活用といった活動に携わるようになった。探索活動から生じる新たな商取引が地域経済を成長させる一方で，活用の余地を追い求めていく活動が企業と社会の間に競争関係を生み出していく。その中で

企業は，機械の発明から生じた様々な手段を用いて差異化を図る方法を新たに見出していった。

　機械の発明が工業化をもたらした[3]。多くの労働力を必要とする工場が建てられたのは，機械とそれを操作する労働者を収容し，オーナーや管理者が仕事を管理するのを容易にするためであった。労働者たちは，工場で働くチャンスをものにして生計を立てようと地方から出てきた人たちであった。こうして工業化が経済発展の先頭集団にいる国々の人口を都市部に集中させ，大規模組織を管理する手段を持つ人々に莫大な富をもたらしながら，都市は劇的に成長していった。さらに工業化が進み，多くの人々が農村から都市へと移り住むにつれ，国家のアイデンティティは，地方の価値観から都市のそれへと置き換わっていった。

　都市に人口が集中したことで，サービス経済の発展が促された。そしてサービス経済の発展がコンピュータと結びついたときには，最低でも農業社会から工業社会へ移行したときと同じくらいの社会変容がもたらされた。また，コンピュータの登場で，社会変容における企業組織の影響力が増大した。というのも，コンピュータ技術を使えば簡単に国境を越えられるので，影響力のある企業は，多くの国家規模を上回る成長が可能だからである。そうした成長を先導したのは，IBM，マクドナルド，ABB，シーメンス，ソニー，ユニリーバといった巨大企業であり，資本主義国家の政治的後ろ盾を得て，世界中に資本主義を広めてきた。

　大規模な企業組織が関わる国際的な商取引は，グローバル化に大いに貢献してきたが，そうした企業のメンバーが世界中を飛び回り，一緒に仕事をすることで，各国の文化や社会に影響を与えている。こうした変化は企業組織の複雑さを増大させる一方で，企業成長の限界も次々と明らかになってきた。例えば，経済のグローバル

化によって企業のパワーは増大し，地球上の天然資源に負荷をかけ続けている。

　近年まで，企業は主に資本家というオーナーによって統治されてきた。なぜなら，資本家が提供する富（すなわち資本）が，企業組織の存続に欠かせない資源だったからである。しかし，別の形態のコーポレートガバナンスも出現しつつある。哲学者のR.エドワード・フリーマン（1951-）によって提唱された「ステイクホルダー・パースペクティブ」という視点によると，日々の生活が組織活動の影響下にある人はみな，当該組織の利害関係者であり，そうした組織の意思決定や行動に影響を与える権利があると見なされる[4]。

　「ステイクホルダー（利害関係者）」という用語が指し示す範囲は，顧客，従業員，オーナー（株主）だけでなく，労働組合，規制当局，地方自治体，NGO（非政府組織），活動家から，果てはサプライヤー，流通業者といったサプライチェーンを構成するあらゆるパートナーにまで及ぶ。そして，サプライチェーンが，原材料を抽出・供給する川上の企業から，原材料を使って製品を作り，それらをエンドユーザー（最終顧客）へ届ける川下の企業までを結びつけている。こうしたすべてのステイクホルダーの利害を含めると，組織の定義はかなり広いものとなる。

　組織の定義にすべてのステイクホルダーを含めることで，民主化へのエネルギーが解き放たれ，階層組織が（ネットワーク組織などの）より協働的な組織形態に置き換わり，企業が環境の持続可能性や社会的責任を，利益と同じくらい重視するようになると考える人もいる。「トリプルボトムライン」と呼ばれる，企業に対して利益だけでなく社会的責任や環境への影響の報告を求める活動は，ステイクホルダーが持つ影響力の1つでもある。企業にとって，製品や利益と同様にブランドやレピュテーション（評判）が重視されているのは，

ステイクホルダーの影響力が益々大きくなっているからだ。

　他方，資本主義とそれがもたらす帰結について悲観的な見方をする人々もいる。そうした人々は，資本主義は自らの体制を維持・存続させるために購買欲求を生み出したり，意図的に成長を作り出したりすると考えている。こうした論者が警告してきたように，一度，コンシューマリズム（消費者主義）が社会を席巻すると，それにすべてが隷属するようになる。

　資本主義が生産中心の経済活動から消費中心のそれへ転換しているという議論は，アメリカや西欧の経済圏では支持されている。そうした国々の産業は，生産活動の大半を新しい経済発展の局面にあるブラジル，ロシア，インド，中国（BRICs）にアウトソーシングしている。しかし，BRICs の政治体制や文化は，欧米諸国のそれとはかなり異なっており，現在，急速に経済成長を遂げているものの，BRICs の安定性と持続性の問題が世界経済に長期的な影響を与え，グローバル企業の将来予測を困難にしている。

　この小史では，組織に関連して長く語られてきたトピックの一部，例えば，協調，競争，目標，成長，規模，複雑さ，分化，専門化，経済，グローバル化，構造，パワー（権力），制度，文化を紹介した。これらのトピックを念頭に置いて，「個別具体的な組織」とそれに密接に関係している「実体としての組織」や「組織化」といった概念を検討していくことにしよう。

３つの O：実体としての組織，個別具体的な組織，組織化

　人間が初めて組織というものを認識したのが，いつなのかは定かではないが，組織というアイディアは，ある時期に抽象的な概念として立ち現れたものである。そのため，組織について考えるには，

学問的に体系立った思考が必要となる。私たちが常日頃，定義せずに使っている，「実体としての組織（organization）」，「個別具体的な組織（organizations）」，「組織化（organizing）」という3つの関連する用語（本書では「3つのO」と呼ぶ）を区別することで，そうした思考に触れることができる（図表2）。

「実体としての組織」と「個別具体的な組織」はどちらも名詞だが「組織化」は行為を指すので，動詞である。名詞は物事に名称を付与し，単数形の「実体としての組織」や複数形の「個別具体的な組織」で示されるように，ある事柄の実体から，より具体的な状態や状況まで表すことができる。他方，動詞は活用変化により，過去，現在，未来を表すことができ，時間の経過とともに生じる影響へと目を向けさせてくれる。

「実体としての組織」と「個別具体的な組織」という2つの名詞同士の方が，「組織化」という動詞との結びつきよりも強そうに見える。しかし，3つのOすべてがギリシャ語のὄργανον（道具を意味するオルガノン）を語源としていることから，3つを区別するのは容易ではない。にもかかわらず，この区別には意味がある。というのも，私たちが組織というテーマについて知っていることの大半は，こう

	状態	変化
抽象	実体としての組織 （実体） 組織とは，物事，人間，アイディアまたは活動が配置されたもの	実体としての組織 （組織化に関わる行為） ほとんどの物事は，組織化を進めることで改善される
具体	個別具体的な組織 （特定の事例） IBM，赤十字，自分の家族といった個別具体的な組織	組織化 （プロセス） 目の前の混乱状態の組織化に着手しよう

図表2　3つのOの違いを考える方法

した微妙な違いのどこを重視するかで築かれるものだからである。

　組織に関する知見の多くは物理学の洞察から引き出されているので，物理学における主要な論点は組織を考える上での助けになる。例えば「物質の二重性原理」によれば，物質をどう観察するかによって，それは波動にも粒子にも見える。その考え方は組織にも適用できる。粒子説をとると，組織は「時空間にある実体」と認識できる。波動説をとると，波のように規則的に繰り返される「活動パターン」と見なせる。オックスフォード大学として知られる組織の実体は，イギリスのオックスフォード地区にある一連の建物の中にあるが，波動説をとると，同じ組織が，学期ごとに繰り返される教育・学習活動と見なせるのである。

　「実体としての組織」と「個別具体的な組織」という2つの名詞は（直線的な関係ではなく）円環的な関係でつながっている。繰り返しが波の形になるのと一緒で，（教えたり学んだりといった）組織的な活動が繰り返されると，そうした現象はいつしか実体や物体と見なされるようになる。例えば，教育や学習といった活動パターンから生じた実体を「教育機関」と呼んだり，「オックスフォード大学」といった特定の組織名を使って例示したりするだろう。私たちが頭の中でこうした読み替えを行うときには，状態のあり方に関わる実践（組織としての行為）を個々の実体（個別具体的な組織）へと読み替えており，それは物理学者が波動という現象を粒子という実体に置き換えているのと同じことなのである。

　逆にある特定の実体について何が組織的であるか考えているとき，つまり，ある期待された状態を目指して行われている（教育のための教えたり学んだりのような）調整された活動を考えているときには，粒子を波動に置き換えるような読み替えを行っているのである。こうした円環的な思考は，コインの裏表のようなもので，一度

に両面を見ることはできないが，どちらか一方を欠いては成立しないのである。

「組織（organization(s)）」を「組織化」と対比させると，定義に関するまた別の問題が生じてくる。物理学でいうハイゼンベルクの不確定性原理では，粒子の位置と速度（単位時間あたりの物体の位置の変化量）は，同時に知ることができない。つまり，粒子の正確な位置を把握しようとすればするほど，粒子がどこへ向かっているのかがわからなくなるのである。不確定性原理を覚えておくには，高速道路を走行中のハイゼンベルクが警察に止められたときに発した古典的なジョークが便利である。警官がパトカーから降り，ハイゼンベルクの方へ歩いてきて，サイドウインドウを下ろすよう合図した。そして警官は「あなたはどれくらいの速度で走っていたかご存じですか」と尋ねてきたので，ハイゼンベルクはこう答えたという。「それはわかりませんが，私が今どこにいるのかは正確に把握していますよ」と。

　ハイゼンベルクの不確定性原理のように，組織は，結果またはプロセスのどちらか一方を捉えることはできるが，両方同時に捉えるのは難しい。組織化を体験するには，その瞬間に立ち合わなければならないが，実体としても個別具体例としても「組織」は「組織化」が起こった後に観察できるようになる。にもかかわらず，粒子の位置と速度の両方を同時に把握できないように，「組織」を理解しても「組織化」を理解したことにはならないのだ。

　さて，今ここで「実体としての組織」と「個別具体的な組織」を一語にまとめて「組織（organization(s)）」という言葉で表現していたことに注意して欲しい。一語で表された「組織」は「実体としての組織」と「個別具体的な組織」の両方を，結果または実体と見な

す。それらはすでに成し遂げられた状態である。その一方，（組織としての行為を含む）組織化は，達成されつつある状況，すなわち，存在している状態ではなく，変化のプロセスを指すのである。

「3つのO」は互いに取り替えが利かないが，密接に関係している。まさに，組織化のプロセスが，組織としての行為を引き起こすことで，個別具体的な組織をもたらし，その結果，さらなる組織化のプロセスを可能にしたり阻んだりする。このことが，（競争環境の中で共通の目標を達成するために協力するという）1つの基本となる考え方と，実体としての組織，個別具体的な組織，組織化からなる「3つのO」という相互に関係する概念を本書で持ち出す理由なのである。

もし，組織化がもたらす結果に注目したければ，ルフトハンザ航空やエル・アル航空といった「個別具体的な組織」か，階層組織や分業といった「組織の特徴」のいずれかを記述すればよい。組織化をダイナミックに理解したければ，組織が生成されるプロセス（構造または文化を生み出すプロセス），あるいは，航空会社を成り立たせている実践（機体整備，操縦，貨物輸送，手荷物の管理）に注目する必要がある。

古今東西，経営者も組織研究者も，結果^{アウトカム}に基づく定義を好んで用いてきた。というのも，こうした定義は組織を客観的に測定するのに向いており，マネジメントコントロールをサポートしてくれるからである。しかし，グローバル化と技術革新によって，組織と組織化の両方が複雑さを増すにつれ，プロセスに関する知識の重要性が高まっている。複雑さゆえに，組織を完全には説明できず，組織化された活動の結果を確実に予測できない場合，組織化のプロセスを改善することで，ひとまず成功の確率を高めることができる。

成功した組織と失敗した組織の比較から，戦略ビジョンの策定が目標達成を促すことがわかっている。また，戦略の実行を支援する

ための職務や人間関係の構築も同様の効果がある。さらに，テクノロジーの活用によって生産性を高めることができ，文化を用いて物事を「実際に」どう行うべきかを伝達できる。職場の物理的環境をうまく設計することも成功の鍵となる。こうした知識は，結果重視の見方に基づくものだったり，プロセスに基づいていたり，その両方を合わせたものだったりする。

組織のメタファー

メタファーは，新しいアイディアについての想像力を刺激する方法である。経営学者のガレス・モーガン（1943-）は，とくに，機械，有機体（または生命システム），文化，精神の監獄という４つのメタファーが，人々に組織のイメージを描いてもらうのに有益であることを示して見せた[5]。最初に登場したのは，機械と有機体のメタファーであった。この２つのメタファーは，組織を経営者または環境によって設計・管理される静的な構造またはシステムとして描くのに最適である。後になって登場したのが，文化と精神の監獄のメタファーであった。文化のメタファーは，組織化を社会における相互作用やセンスメーキングから生じるプロセスとして理解するのに適したイメージを提示してくれる。一方の精神の監獄のメタファーは，他の３つのメタファーに対して批判的なスタンスをもたらす。これらの４つのメタファーは，「３つのO」によって示される領域と重なっているが，さらに多くの彩りと質感を加えられる。

メタファーは，隠喩として用いられる媒体（例えば，機械，有機体，文化，監獄）とそれが指し示す対象（ここでは３つのO）との類似点を示すことで機能するが，合理的根拠よりも感性（センス）に基づいて作用する。というのも，メタファーは科学的説明を補完するものだからである。そのため，アートとサイエンスのどちらかと決めつけ

ず，両にらみで捉えよう。相反する視点で考えることに最初は違和感を覚えるかもしれないが，マインドを広げることで，3つのOを理解するのに必要な複雑さと矛盾（先の例では，協調と競争）を受け入れることができる。

■ 機械としての組織

　機械のメタファーの起源は，300年以上前の工業化時代の始まりにまでさかのぼる。機械は反復作業を効果的に行うために設計されたものである。例えば，エンジニアだったフレデリック・テイラー（1856-1915）は，機械の動きにヒントを得て，人間が肉体労働を行う際の，最も効率的な動作を見出し，科学的管理法を生み出した[(6)]。後にテイラーは，自身が唱えた工場管理に対する科学的アプローチが工場の労働生産性を劇的に向上させたと主張したが，その考え方は工場以外の領域にも広がっていった。現在も機械のメタファーは，組織のあらゆる面を設計し，効率を最大化させるよう経営者を駆り立てている。

　有用な機械を設計するには，タスク（例えば，釘を打つ，布を織る）を定めないといけない。タスクの設定は，機械だけでなく組織にとっても大切である。ただし，組織のタスクは，機械のそれよりも広範囲に及ぶ。組織のタスクは，組織の目的，使命，目標によって規定されているので，社会における組織の役割にほぼ等しい。企業の場合，こうした役割は航空機の製造（エアバス），食品の調理（マクドナルド），経営コンサルティングの提供（マッキンゼー）だったりする。非営利組織にも目的や目標があり，高等教育を提供したり（オックスフォード大学），コミュニティの安全を守ったりする（地元の警察署）。

　機械のメタファーは，組織による社会への貢献を最大化し，社会への負荷を最小化できるという考えを促す。車を設計・生産する場

合を考えてみよう。顧客が望んでいるのは，自動車メーカーがなるべく安い値段で，安全で滅多に故障しない車を作ってくれることである。その際，企業がなすべきタスクは，高品質な車を手頃な価格で設計，生産，販売し，アフターサービスを行うことである。そして，経営者の仕事は，人材や環境をむやみに消耗させずに，経営資源とそれを用いた業務を組織化することで，企業のタスクが効率的かつ効果的に行われるよう管理することになる。

　機械のメタファーが用いられるときには，組織内部の仕組み，すなわち，組織がモノの生産や流通といった主要なタスクをどのように行うかに注意が向けられる場合が多い。この種のタスクに機械のメタファーが最もよく当てはまるからである。とはいえ，組織は他にも多くのタスクを抱えている。例えば，原材料の調達，製品やサービスの販売，環境変化への対応などである。さらに，経営者は従業員の管理のみならず，従業員を採用・訓練し，仕事を割り当て，ビジョンを掲げて導いていかなければならない。ところが機械のメタファーは，人にまつわるタスクを説明するにはあまり適していないのである。

　多くの経営者は，従業員を効率よく動く機械の部品のように扱う考え方に魅了されているが，人というものを効果的に管理するには，もう少し異なる表現が必要となる。さらに，経済学者が外部性と呼ぶもの，すなわち，組織が業務を行う上で必要な資源を外部に依存している環境を無視することは危険である。外部性が資源配分上の制約をもたらし，他の経済主体にそうした組織を左右する力を与えるので，組織を存続，繁栄させるには外部の経済主体との関係を構築，維持する必要があるからである。こうした点を考慮すると，組織は機械というよりはむしろ生命システムまたは有機体に近いのである。

■ 有機体（生命システム）としての組織

　機械のメタファーの後に現れた有機体のメタファーは，チャール
ズ・ダーウィン（1809-1882）が広めた適者生存の考え方をルーツと
する進化生物学とともに発展していった。もとより有機体とは，生
存する上で環境適応能力に依存している生命システムのことであ
り，組織を環境適応能力のある有機体と見なすことで，競争のダイ
ナミクス，外部環境への資源依存，絶えざる変化の要請に目が向く
ようになった。

　有機体のメタファーとともに，組織の個体群内の生存率と廃業率
を説明するのに便利な，変異，淘汰，保持といった考え方も出てき
た。さらに，有機体と同じように，組織も各部分が相互に結びつい
ているという見方も出てきたが，これは，生物学の研究で解剖を行
う中でひらめいた洞察であるに違いない。

　有機体のメタファーが登場した第二次世界大戦末期には，すべて
の科学は相互に関連しており，万物の統一理論の発見も目前に迫っ
ていると語られるようになった。同時に，それと関係する「システ
ム」という考え方も影響力を持つようになった。一般に，システム
は（サブシステムと呼ばれる）いくつかの部分からなっており，部分
同士の相互作用が（システムと呼ばれる）秩序と機能の階層を生み出
し，かつ部分の総和を超えるとされる。つまり，システムは各部分
を個別に調べても，完全に理解できないものなのである。例えば，
人体を解剖することはできても，人間の思考やアイデンティティを
取り出すことはできない。これはまさに，部分同士の，あるいは，
システム全体とそれを取り巻く環境との相互作用によって説明可能
な創発的な特性なのである。

　このシステム論の主な貢献は，システムの異なるレベル（階層）が
入れ子構造になっているという考え方にある。すべてのシステムは，

それ自体もさらに複雑なシステムにふくまれる「上位のシステム」
の中に存在している。生物学者のルートヴィヒ・フォン・ベルタラ

システムの レベル（階層）	特徴	事例
1. フレーム ワーク	・ラベルや用語 ・分類システム	解剖学，地理学，リスト， インデックス，カタログ
2. 時計仕掛け	・周期的な事象 ・規則的な（または調節され た）動作 ・均衡または均衡状態	太陽系 単純な機械（時計や滑 車） 経済学の均衡システム
3. 制御	・自己制御 ・フィードバック ・情報伝達	サーモスタット ホメオスタシス オートパイロット
4. オープン （生命）	・自己維持 ・原料のスループット ・エネルギー投入 ・再生産	細胞 川 炎
5. 遺伝的	・分業（細胞） ・各部位は分かれているが相 互依存している ・青写真に従って成長する	植物
6. 動物	・移動 ・自己認識 ・特殊な感覚受容体 ・高度に発達した神経系 ・知識構造（イメージ）	イヌ ネコ ゾウ イルカやクジラ
7. 人間	・自意識 ・シンボルを生み出し，取り 入れ，解釈する能力 ・時間経過の感覚	あなた わたし
8. 社会組織	・価値システム ・意味	ビジネス 政府
9. 超越的	・「不可知を免れえないもの」	形而上学，美学

図表 3　一般システム理論（GST）の 9 つのレベル（階層）は，どれもが下位のサ
ブシステムから構成されるシステムとして記述でき，どのシステムもそれ自体が上位
のシステムの一部であることを示している。また，どのレベルのシステムも固有の特
徴があり，ある特定のレベル（階層）のシステムには，それよりも下位のシステムが
含まれるので，それらの特徴が累積的に上位のシステムにも適用される

ンフィ（1901-1972）は，この考え方を「一般システム理論」と名づけたが，それによると，上位のシステムには，下位または内側にあるすべての階層が含まれるのである[7]。

　ケネス・ボールディング（1910-1993）は，ベルタランフィの理論を，9つのシステム階層へと発展させた（**図表3**）[8]。それらは，最も単純なシステムであるフレームワークを皮切りに，時計仕掛け，オープンシステム，生命システム，人間，社会組織，そして，それらすべてを超越しつつ内包する形而上学的なものにまで及ぶ。例えば，組織には多くの下位のレベル（階層）のシステムが含まれているので，下位のレベルの知識はすべて組織に当てはまる。そのため，生命というシステム階層の考察から導き出される生物学的原理を使用して組織にまつわる「3つのO」を説明するのは適切なのである。

　人間というシステム階層には，消化器系，筋骨格系，循環器系，呼吸器系，神経系のサブシステムが含まれており，すべて異なる機能を担っている。例えば，食物を摂取しエネルギーに変換したり，体重を支え，辺りを動き回ったり，肺から取り入れた酸素を，血液や体中の細胞へ運んだり，周囲の環境を知覚し，適応できるやり方で反応したりする。同様に，組織のオペレーショナル・コア（中心業務）は，財やサービスを生み出しているが，財務，マーケティング，経理，人事，広報，戦略といった各部門のスタッフは，また別の機能を担っている。

　人体を構成するサブシステムが，人が人であるための条件を作り出すが，それで1人の人間のすべてを説明できないのと同じで，組織においても部分の集合が全体を説明することにはならない。「組織の文化」という新たに生じた組織特性の1つを認識することで，第三のメタファーがもたらされたのである。

▎文化としての組織

▎文化としての組織

　組織を，機械あるいは生命システムである有機体としてイメージすることは，自然科学，とくに物理学と生物学から引き出されたメタファーに依拠している。一方，文化を用いて「3つのO」をイメージすると，社会科学と人文科学に行きつく。

　組織を文化として見ようとする人々に道を開いたのは，人類学と文学であった。文化人類学者のクリフォード・ギアツ（1926-2006）は，人類学と文学を組み合わせて，文化のシンボリックな見方を打ち出した[9]。同時に，こうした人文主義的な理解の方法は，以下のような新しい問いをもたらした。集団に所属することで，どんな社会的・感情的な力が生じるのか，また，そうした力は組織構造またはテクノロジーの使われ方にどう影響するのか。文物（人工物），価値，習慣，伝統といった概念は，組織について何を教えてくれるのか。文化は成功する組織と失敗する組織の違いを説明できるのか。いったい組織とは何を意味するのか，そして，組織は自らどのように意味を生み出し，そうした意味に影響を与えているのか，である。

　人々の多くは，格安航空会社（LCC）のサウスウエスト航空が成功したのは，共同創業者のハーブ・ケレハー（1931-2019）が組織文化の重要性をよく理解していたからだと考えている。過酷な競争と劣悪な顧客サービスで知られる航空業界では，忠誠心の高い従業員が独自性と競争優位を与えてくれると，ケレハーは考えていた。彼はまた，交通輸送市場には開拓の余地が残されていること，すなわち，LCCが，短・中距離の移動の足であるバス，鉄道，自動車に代わる魅力的な選択肢となることを知っていたのである。ケレハーがこの空白を埋めるために生み出したサウスウエスト航空の文化は，極度に軍隊調で古めかしい当時の航空業界とは対照的で，優れた

サービスを楽しく提供することに基づいていた。

　文化のメタファーは，ケレハーを，いにしえの時代の部族長になぞらえる。従業員はみなケレハーを神のように崇め，自分たちのなすことすべてにおいて彼を模範としていた。そして，ケレハー率いるサウスウエスト航空はユニークな慣習や儀式を擁する部族であり，深刻な景気後退をもたらす厳しい経済環境の中でも，一体感を持ち続けていた。例えば，ケレハーは派手なパーティーを開き，従業員と長時間，戯れていたし，従業員が働いている現場に度々飛行機で乗りつけては，一緒に業務をしたり，交流したりした。こうした慣習は，従業員の忠誠心を高める一方で，従業員が日々直面する課題やチャンスについての生の情報をケレハーにもたらしたのである。

　経営が厳しい時期に，サウスウエスト航空の従業員たちは，会社を存続させるのに必要だと感じ，給与の一部を返納したといわれている。こうした会社への愛着は，機械や生命システムのメタファーを使って説明するのは難しい。愛される組織文化を持つことから恩恵を受けているサウスウエスト航空のような企業について，そこで何が作用しているのかを把握するには，文化の感情的かつ感覚的な意味合いを理解する必要があるのだ。

　こうした文化のメタファーが強調する感情や価値といった側面は，組織のメンバーを活気づけ，大志を持たせる長期の安定した基盤となる。組織の文化的期待のシンボルである（ケレハーのような）ヒーローの存在が，日々，職場での試練や苦難に直面している組織のメンバーが何をなすべきか教え諭してくれる。人物を記念し，そうした人々の功績を讃える式典や儀式は，組織のメンバーの結束力を高めてくれるが，過去の英雄伝を語ることが，いまこの瞬間にとるべき行動を指し示してくれる場合もある。まさに，こうしたシンボルは意味のパターンを形成するので，独自の文化を作り出すのに

加え，メンバーがお互いを認め合い，共有している大切なものを思い起こさせてくれるのである。

　シンボルと関わり合い，文物（人工物）の爪痕を残していくことで，組織メンバーが自分たちの文化を次世代に伝えることが可能になり，時代を超えた継続性が生み出されていく。このように文化は，安定した基盤をもたらしてくれ，たとえ避けられない，抗えない変化に晒されたとしても，継続していくのである。そのため，リスクをとることが求められる厳しい競争環境や新しいチャンスに立ち向かう際には，自分たちが何者かを知ろうとすることが重要となるのである。

　もちろん，文化には暗黒面もある。文化は組織のメンバーの心を大きく左右し，メンバーは所属というギフトと引き換えに，自立の一部を手放す。かりに，組織の文化が，トップマネジメントが信奉している特定の下位文化に染まってしまった場合，組織のメンバーは，自分たちの価値観が体現されていない，望んでもいない価値観に満ちた「規範や期待」の中に閉じ込められてしまうのだ。

　カール・マルクス（1818-1883）と『共産党宣言』を書いた哲学者のフリードリヒ・エンゲルス（1820-1895）は，こうした状況を虚偽意識，すなわち，従属，支配，搾取の現実を覆い隠すイデオロギーの受容として説明した。そうしたイデオロギーの1つは，ヒエラルキーと呼ばれる階層的な上下関係の中に隠された支配を，当然のごとく必要なものとして受け入れることに関係している。ヒエラルキーを支配の一形態として認めれば，監獄のごとき階層組織の特徴が露見し，第四のメタファーである，精神の監獄が示唆されるのである。

▌ 精神の監獄としての組織

　文化と無意識は，同じコインの裏表をなしている。精神科医の
ジークムント・フロイト（1856-1939）は，文化を構成メンバーの無
意識のダイナミクスから生じる集合的な現象であると捉えた。一
方，カール・ユング（1875-1961）はそれとは正反対の集合的無意識
という考え方を提示した。それは，私たちの文化的な歴史が経験と
記憶の貯蔵庫としての役割を果たし，私たちの精神の発達ととも
に，蓄積された経験や記憶が呼び覚まされるというものである。

　どちらにせよ，文化と無意識を結びつけることは，3つのOにつ
いての新しい考え方を提供してくれる。例えば，フロイトの精神分
析が提起しているのは，不安や欲望といった感情が，人間が身を置
く現実を作り出し，それが組織の一部になるということである。

　フロイトは，人は他者と調和して生きていく上で，否認，置き換
え，投影，合理化，退行，昇華といった無意識の心理的メカニズム
を通じて，自らの衝動をコントロールしていると考えた。さらに，
個々人の感情的な衝動を見分け，そうした衝動をコントロールする
のに利用される心理的メカニズムの把握を支援することで，患者か
ら，うつ病，心気症，強迫観念，ナルシシズムといった神経症を取
り除くことができると主張した。

　組織にも人と同じような神経症の傾向が見られる。それらは，組
織を消耗させるコンフリクトや集団行動の逆機能として現れ，組織
メンバーのウェルビーイングを脅かす。無意識の概念を組織にまで
拡張することの1つの意義は，心理療法を提供して，無意識の衝動
を明らかにしたり，組織の不安やストレスを和らげたりすることに
ある。こうした視点から見える「無意識のメタファー」は，組織の
自己認識や心理的ベネフィットをもたらす手段を提供してくれる
が，そこには組織のパーソナリティやアイデンティティを変える能

力も含まれるのである。

　しかし，組織が，欲望や恐れ，さらに支配と結びついた負の心理状態の集合的な表明を通じて，個人の意識を形作るとき，組織は「精神の監獄」へと成り代わる。例えば，上下関係の中で，感情を押さえ込んだり，押し殺したりするようになると，従業員の心の中に抑圧された状況が生まれてくる。組織ノイローゼというメタファーを用いてみれば，組織全体が病んでいるということになるが，精神の監獄というメタファーを用いる意図は，不安と欲望のくびきから従業員を解き放つことにある。このくびきのおかげで，従業員は組織が自分たちに害をなしていることに気づけないのである。

　現代資本主義が，精神の監獄のメタファーによって描かれる人間疎外や搾取の元凶であると考える人もいる。そうした人々が注目するのは，西洋資本主義の特徴である大量生産・大量消費の文脈の中で，私たちのパーソナリティ，信念，好み，選好が，どのように発達してきたのかという点である。そして，自分たちの主張を強化するために，資本主義組織が自然，社会，貧困層にもたらす破壊的な影響を強調する場合もある。

　例えば，地球環境の持続可能性を唱える運動団体は，組織が負うべきコストについての従来の考え方に異議を唱え，産業廃棄物や汚染物質を浄化するコストをカバーするために，炭素排出税などの新しいルールを提起する。同様に，社会的責任の支持者たちは，下請け業者の社員を含む，組織で働く人々に生活賃金を支払うよう，また，安全衛生が整った労働環境を提供するよう，組織に圧力をかけている。さらに，貧困層は富裕層の犠牲になっているので，組織は，世界中で貧困に喘いでいる人に対して責任があると意見する人さえいる。

　精神の監獄のメタファーを用いることで，自由，多様性，地球とそこで育まれるあらゆる生命体に対する尊重といった，労働者と社

会にとっての前向きな変化を，どう組織がもたらしてくれるのかという問いが投げかけられる。組織を精神の監獄として描くことは，まさに，主流派の経営学に対する批判を促し，ひいては，世界，そしてそこに住むすべての人々の生活向上のために組織を変えることを期待して，私たちの意識を呼び起こすことを意図としているのだ。

Chapter 2
最善の組織化の方法とは?

図表4　グーグルプレックスの屋上には9,000枚のソーラーパネルが載せられ，その内部ではすべての従業員はちょっと手を伸ばせば無料の食べ物に届く位置に配置されなければならないという会社の方針がある

メタファーに加えて，組織を可視化するよく知られた方法が2つある。どちらも構造上の特徴を描き出す方法である。まず組織の建物や，建物同士の配置，そしてその周りの植栽などの修景は見ることができる。グーグル・アースを使ってみれば，カリフォルニアのマウンテンビューにある「グーグルプレックス」（グーグル本社）のような建物群の概観について知ることができる（図表4）。また，建築物の立面図やフロアプランも見ることができる。このような画像は，組織の物的な形態や位置している場所について多くのことを教えてくれる。

組織を可視化する2つ目の方法が，オーガニグラム（organigram）を描くことである。これは組織図（organization chart）とダイアグラム（diagram）のアイディアを組み合わせたカシコイ造語である。オーガニグラムは人々と彼らの組織内での地位を図で示し，部門へ

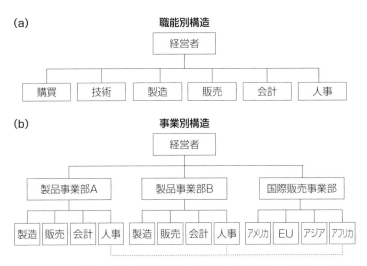

図表5　2つの組織図：(a)は職能別構造。それぞれの部門が，マーケティング，人的資源管理（HR），財務といった「職能」に分割された専門的活動を示しているのでこう呼ばれる。(b)は事業別構造。この構造の（通常もっと大きい）担当範囲や「事業」内部は，職能別に組織されていることもされていないこともある

とグループ化された仕事を普通は表している。地位や部門はそれぞれ四角い枠の中に描かれ，この枠が他の枠へと線でつなげられている（**図表5**）。タテの線は，トップからボトムまでの組織の異なる階層を結びつける命令報告の関係を表している。ヨコの線は組織の同じ階層で働く部門間の水平的な関係を表している。点線で描かれたものは，リエゾン（連絡）やその他の調整の役割を示している。

オーガニグラムはある組織の社会構造を，写真や建築図面は物的構造を表している。社会構造と物的構造は，組織が意図的に作られたかどうかはともかくとして，すべての組織が持つ側面である。組織に自然に発達する余地がある場合，これら2つの構造を生み出すのは，多かれ少なかれ自己管理的な活動である。この活動はそのメンバー同士や取り巻くモノとの間の相互作用につれて生じる。

意図的にデザインされた場合，2つの構造は経営者によって実現され，経営者は，財務，会計，HR（人的資源管理），マーケティング，コミュニケーションの専門家スタッフのサポートを受けるのが普通である。

組織デザインは，組織を作る目的と組織の戦略を考えるところから始まる。目的と戦略は，組織の生産とサービスの内容と対象，そして生産と販売の目標を達成する方法を決める際の指針となる。次に生産と販売の方法によって，組織が使うテクノロジーが決まる。

テクノロジーは組織の生存がかかるアウトプットを生み出す手段である。それゆえ，組織のデザイナーは，組織のテクニカル・コアがどう機能するかを理解し，それを支援する効率的で効果的な組織構造をデザインしなければならない。

組織構造をデザインする際には，デザイナーは環境もまた考慮しなければならない。組織を取り巻く環境は，テクニカル・コアを機能させる資源を支配しているので，組織は環境の要求に適応し，資

源依存を管理しなければならない。つまり，テクニカル・コアを支援し保護する必要性ゆえに，組織構造は環境に従うか適合する必要がある。しかし，環境を構成するのは，競争力を保つべく適応を続けている複数の組織である。それゆえ，環境自体もまた変化する。したがって，組織をデザインする際には，組織─環境の「適合」を保つために必要な適応の程度と頻度を反映させなければならない。

　組織のデザイナーは戦略，テクノロジー，環境に関する知識を用いて組織のとるべき姿を示そうとするが，規模が組織を作る困難さを倍増させるので，規模もまた組織を構造化する際に重要である。昔からこういう。大きさが大事。この言葉はとりわけ組織に関係がある。というのも，組織はある規模を超えて大きくなると，官僚制を導入したり，他の組織やしばしば環境そのものにも影響を与えたりするようになるからである。

組織の社会構造とデザイン

　組織の社会構造は，相互作用のパターンと関係によって生み出され，それを用いて組織の仕事は成し遂げられ，目的は実現される。つまり，組織は相互作用から発展した関係によって構造化されているし，（例えば，組織ルーティンにおける）相互作用の繰り返しが安定性を生み，協力を確実なものとするのに役立っている。

　もっとも一般的には，組織デザインの関心は目標を効率的かつ効果的に達成するために，希少資源の利用を最小に抑えつつ組織業績を最大にするような構造を生み出すことにある。しかしながら，デザイナーたちは構造に関する無数の問題に対する「正しい」答えを探して，泥沼にはまる場合がある。

　例えば，以下が構造に関する問題の例である。目標を設定し，それを実現するための活動を指揮する権限をどのように割り当てるべ

きなのだろうか？　目標に向けて協力し合って働く1つの大きな集団を作って，構造を統合したままにすべきなのだろうか？　それとも，仕事を部分部分に分割し，それを下位集団に割り当てることによってタスクを分化すべきなのだろうか？　訓練を受けた労働者が狭いレパートリーのタスクをより専門的に行えるように，仕事は専門化されるべきなのだろうか？　下位集団を用いる場合，1人の管理者のスパン・オブ・コントロール（統制の幅）を超えないように，その大きさをどの程度にすべきなのだろうか？　すべての意思決定はトップで行うべきなのか（集権化），それとも権限は委譲されるべきなのか（分権化）？

　これらは興味深く考えるべき重要なことであるが，組織構造を正しくデザインするには，組織構造がどのようなもので，それがどのように働くのかを熟知する必要がある。ほとんどの組織のデザイナーが用いる基本的なアイディアによれば，構造が効果的であるといえるのは，従業員を彼らが責任を持つ活動に注力させ，かつ重要な情報の伝達が組織全体にわたって行われるようにする場合である。効率的であるといえるのは，アウトプットを最大にしつつ目的をかなえるために必要な時間，労力，資本，その他の資源のインプットを最小にする場合である。もっともこれらはいうほどには易しいことではない。

　組織の社会構造は行動の結果でもあるので，デザインされたとおりに実現するということはありえない。構造はその他のことと同様に行動によって構築されている。さらに，構造は戦略に影響するし，同じように戦略も構造に影響する。というのは，戦略は組織の行動の中に実現するが，その実現のしかたも構造が形づけているからだ。戦略，構造，そして行動は影響を与え合い，相互に依存している。

また，（例えば，タスクを割り当て，報酬や昇進の機会を決定するのは権限であるように）社会構造は組織の権力配分を規定している。それゆえ効果的かつ効率的な組織をデザインしようとする最も合理的な意図であっても，他者を支配したいという欲望や他者から支配されることへの不安の影響を受ける。社会学者マックス・ウェーバー（1864-1920）は，官僚制は少なくとも理論上は恣意的な権力の乱用と戦い，合理的な選択を可能にすると考えていた[1]。このような考えの下で，ウェーバーは組織の社会構造の主要な構成要素を定義した。それが階層，分業，そして部門化である。

▌ 階層

組織について考えるときに，階層を唯一の定義として用いたくなったことがあるかもしれない。階層はそれほど組織によく見られる特徴である。専門的には，階層という用語は組織における地位間に存在する権限の垂直的配分を意味し，ある地位は他の地位に従属するようになっている。この垂直のラインがオーガニグラムのトップからボトムまでを結んでいるさまを想像してみよう。

権限の垂直のラインは，他者の行動を指示・コントロールする経路である。権限は意思決定，資源，賞罰の割り当てのために用いることができるので，権力の行使を促進する。もちろん，この公式の権限に加えてその他にも，人々が組織で用いる権力の源泉が存在する。具体的には専門能力，個人的影響力，カリスマ性，情報のコントロール，権力者へのアクセスなどが挙げられる。

組織階層は，権限に基づく命令統制の構造を作り出し，これを通じて目標はトップからボトムへと伝わり，リーダーが組織のすべての活動について指示を与えられるようになる。また，階層によって従業員各々の意思決定権限の範囲を定めて，従業員が自分で決定してよいときと上司の指示を仰がねばならないときを規定できる。活

動を指示する権限は，命令統制構造のうち命令できることやすべきことを定めているが，統制には行動を管理する規則を作り強制する権限が含まれる。

権限のトップからボトムへの経路と同じ構造が，情報をボトムからトップへと伝えている。情報の流れによって，組織と個人の業務遂行のモニタリングが可能になり，権限ゆえに業務遂行期待に届かない個人の権限違反に対して制裁を与えられるようになる。このように，階層下位の管理者に対して報酬と懲罰を与えるパワーが委譲されることによって，公式の権限は実体化する。

さて，多くの人々は，階層は生き物の根源的な側面であると信じている。確かに，社会生活は動物王国の至るところで，階層的に秩序立てられているように見える。繁殖期の雄羊のケンカは，かなりの回数の頭突き合いとして観察されるし，最も強い雄ライオンは獲物を倒した後に，（若い父ライオンであれば子に食べさせた後に）ほとんどを食べてしまう。この見方に従えば，組織の階層は自然の法則に支えられているといえる。

時に，この階層が「自然の摂理」であるという理屈は，人間に見られる攻撃性が「自然」であるという主張のために用いられる。しかしながら動物王国のどこでも，階層は支配と同じぐらい協調を促している。例えば，灰色オオカミをよく観察してみれば，「アルファ」と呼ばれる群れの支配的なつがいが，すべきことを割り当て，強制し，群れがどこで眠り，何を狩り，近づいてくる動物にどう反応するかを決めていることがわかる。

興味深いことに，オオカミの群れの階層的序列は飼われているオオカミの方が野性に比べて，はるかに攻撃的行動によって防御されやすい。ということは，精神の監獄というメタファーで言い表せる人間の組織は，オオカミの群れに対する飼育の効果を真似している

といってよいのだろうか？　これ以上のことはさらなる研究を待たねばならないが，あることは確実であるように思われる。つまり，階層上の地位は，ほとんどの組織で攻撃によって防御され，それは，主にはこれら人間の群れの支配的なメンバー（つまり，アルファ，である）間の競争メカニズムを通じて行われる，ということだ。

▍分業

　複雑な社会では，自給自足できる人はいない。単純にいっても 1 人ですべてを行い，すべてに習熟するにはすべきことが多すぎる。分業が解決策となるが，その起源は少なくとも新石器時代にさかのぼる。当時の証拠が示すところでは，初期の原人たちは兵士，略奪者，族長，呪術者といった異なる役割を担っていた。古代ギリシアの哲学者プラトン（紀元前 427-347）は，『国家』で社会の必要性を満たすことについて思索し，分業について述べている[(2)]。

　「それでは，我々の国家はいかにこれらの必要性を満たすであろうか。国家は，農夫，大工，織工などを，また思うに，我々の身体上の必要に応じて靴職人とその他一，二の職業を必要とするであろう。」彼は，料理，掃除，育児のような女性と奴隷が担っていた役割を見落としているが，もちろんこれらの仕事もまた社会を維持している。

　オランダの造船業のように職人仕事が結果として，組織として統合されることがある。そこでは船の一部分のみを作ることに専門特化した作業者が，親方の船大工の下で働いていた。しかし，産業社会にとっての分業の重要性を最初に説いたのは経済学者アダム・スミス（1723-1790）である[(3)]。1776 年の著書『国富論（諸国民の富の本質と原因）』でスミスが説明したように，作業者を下位タスクに集中させ，そのスキルに熟達させれば，集団はコストを最小に，生産性を最大にでき，それゆえ，より大きな富を生み出すことが可能にな

る。ここで，個人的な経験についてお話ししたい。

　何年か前，私のところにアドバイスを求めて来た芸術家がいたが，彼女はある教会のための12枚のステンドグラス制作を引き受けていた。これまでにない大きな注文であったので，彼女は私に助言を求め，作業者を組織化して最短の時間で窓を仕上げてしまおうとしたのである。彼女は分業のことなど聞いたこともなかったが，私がそれについて教えると，やってみようということになった。

　さて，彼女は仕事を，窓の枠を作る，色のついたガラスを切って枠にはめる，ガラスを鉛と接合する，鉛同士を溶接する，といった下位タスクに分割した。彼女が窓をデザインし，ガラスの切断と組み立てを監督し，誰かがトラブルを抱えるといつでも助けに入り製品の品質を保った。この仕事を終えて，彼女が驚いたと語ってくれたのは，作業者たちが個々に窓全体を組み立てたとした場合に比べて，非常に早く仕事がすんだということであった。しかし同時に，彼女が告白したのは，その窓の仕上がりほどには仕事を楽しんだ人も達成感を感じた人もいない，ということであった。

　組織が人を機械のように扱うということは，人を犠牲にしているということでもある。そして歴史をさかのぼれば，分業の効果に対して多くの批判がなされてきた。例えばアダム・スミス自身も，専門化が社会から切り離された非創造的でそれ以外のことを知らない労働者を生み出すことを危惧していたし，これはのちにマルクスが工業化の結果として，疎外についての著作で追従したテーマでもある。マルクスとほぼ同時期に，自然主義者にして超越主義者のヘンリー・デイビッド・ソロー（1817-1862）は，『ウォールデン：森の生活』で，分業ゆえに生じた社会からの分離は「文明」社会における平均的な人を，（例えば幸福の点で）「未開」社会よりも貧しくする，と述べた[4]。というのも，「未開」社会ではお互いを全人格として扱

うが,「文明」社会では機械の歯車としてしか扱わないからである[5]。

これに対して分業の擁護者は,工業化以前の時代を美化していると非難する。たとえ心を動かされないような仕事で懸命に働かねばならぬ人がいたとしても,誰もが分業のもたらす生産性のおかげで,少なくとも自由な時間を持てているではないか,というのが彼らの理屈である。

▌ 部門化

好むと好まざるとに関わらず,ほとんどの組織はその仕事を従業員各々へと割り振り,全体のうちの一部分を行わせている。分業は組織へとデザインされ,階層上の地位に与えられたそれぞれの職責の範囲と重さが定まる。異なる仕事が類似性によってグループ化されるか(マーケティング,経理,製造,営業などの部門からなる職能別構造),製品,顧客の種類,営業地域によってグループ化されるか(事業別構造)する(**図表5**)。つまり,階層と分業を明確にすることに加え,組織デザインには,活動の部門化,具体的にはタスクや職務を効果的にグループ化する方法についての探求が含まれる。

マトリックス構造(**図表6**)は仕事を部門化するもう1つの方法であるが,エンジニアリング,デザイン,コンサルティングの企業では珍しくない。マトリックス構造では,作業者それぞれは,少なくとも2人の異なる管理者に従うことになる。1人は職能の専門家であり,どのプロジェクトチームに割り当てられているかに関わらず同じ専門職能の人々を管理する。もう1人はプロジェクトマネジャーであり,同じプロジェクトに割り当てられた人々を管理する。個人はいずれかのプロジェクトで通用するスキルを持ち複数のプロジェクトに割り当てられることがあるので,職能上の上司に加え,複数のプロジェクトマネジャーの指揮下にある場合もある。

プロジェクトを始めたり終わらせたりするのは，チームを結成したり解散したりすることと同じく簡単なので，一部の人にしか影響を与えない。つまり，マトリックス組織は組織全体の再構造化を必要とするその他のタイプの構造に較べ，素早く柔軟である。それゆえマトリックス構造は急速に変化する環境にうまく適応する。

　マトリックスの柔軟性は，フルタイムで雇用しないとしても多くの専門職を雇っている組織にも向いている。彼らをそう雇うにはコストがかかりすぎる。ところが，マトリックスは専門知識を多くの一時的なワークユニットで共有することが可能なので，高給取り専門職を使うのに見合う。さらに，マトリックス組織に典型的な高学歴専門職は，組織で働く上でのより大きな複雑性に向き合ってい

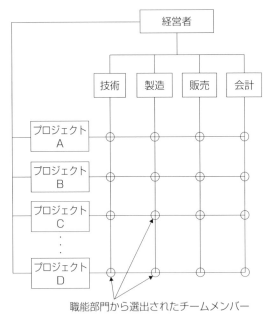

図表 6　マトリックス構造によって，組織全体の再設計を伴わないプロジェクトチームの編成・解散ができるので，職能別組織や事業別組織よりもより大きな柔軟性が可能になる。

る。組織は彼らに複数の管理者からの要求と同時に，常に変化している仕事上の必要性への対処を求めているのである。

▌ 官僚制

ほとんどの組織は，大きくなるにつれ官僚制を発達させる。官僚制の特徴は，ほとんどの政府，大多数の大学，よく知られた宗教団体，大企業など世界中で見られる。ウェーバーによれば，官僚制が生まれたのは中世であり，封建社会にはびこっていた縁故主義とその他の権力の濫用への反動であった。封建領主の知行制のような当時存在していた支配よりも道徳的に優れていると考えられていたように，官僚制が依拠していたのは情実主義ではなく，（例えば目的達成のために意思決定を最善化するといった）合理性であり，これに資源と権威の公平な分配と利用を委ねていたのである。

官僚制が生まれるのは，政府機関や大企業がしばしばそうであるように，システムが大きくなった場合，確立された専門技術に依拠するようになった場合，または永続するようになった場合である。その特徴として，固定化された分業，（例えば部門や省といった）統制の範囲が高度に定められた部局の階層，業務遂行を統制する一連の規則を指摘できる。官僚制で働くべく採用された人は，その専門領域の適格性によって選抜され，昇進は先任順か成果に基づくが，成果を判定するのは上位者がその職場のルールに従って行う。どこにおいても厳格な規律と統制があるべきだと考えられている。

理念上では，官僚制は平凡な能力の従業員を合理的な意思決定者へと変えることによって，構成員，依頼者，顧客に偏りなく効率的に奉仕できるようにするシステムである。官僚制的な形態は，信頼性の高い意思決定，実績に基づく選抜と昇進，没人格的でそれゆえ規則の公正な適用を実現する。大きな組織が定型化されたテクノロジーをほどほどに安定的な環境で用いる場合に，官僚制はよくない

結果を伴わないわけではないが，これらの利点を生み出すのである。

ウェーバーは封建構造から生まれた官僚制が，逆に封建構造への対抗手段になるとして，積極的に支持した最初の1人であるが，同時に批判的でもあって，官僚制が社会にもたらす「凍てつく暗黒の極夜 "polar night of icy darkness"[6]」に言及した。その他にも批判されてきたところであるが，官僚制はタスクを狭く定め，組織を複雑にするので，結局その参加者が大きな目標を見失ってしまう。批判者たちによれば，本来あることをするためにデザインされたにもかかわらず，官僚制はただただ自己保存的になってしまうのである。ウェーバーは完全に確立された官僚制を「最も堅牢な社会構造の1つ」と強調し，「鉄の檻」と見なした。というのは，官僚制は，本質的に没人格的で人間性を失わせるので，よき面と悪しき面があるものの，「公式の職務遂行から，愛も嫌悪も，そしてその他の純粋に個人的で非合理的で情緒的な要素も除却してしまう」からである。

また，多くの限界ゆえに，官僚制が間違いなく不適切な状況も多くある。例えば，小さな組織には官僚制は不要である。というのもその規模では，直接の監督と集権的意思決定が簡単で自然だからである。これらの状況では，非公式のコントロールが安価である上に，組織のメンバーにとっての満足度も高い。それゆえ文書に書かれた官僚制の規則は不要で，時間が無駄になり，従業員のやる気を損なうことになる。

加えて，官僚制は常態的で急速な変化には適応できない。変化は方針と規則の改定，また改定版の周知を必要とし，その上で意思決定者はこれらを覚え，正しく実行するために常にマニュアルと覚え書きを参照しなければならない。それゆえ，柔軟であることをまず考えなければならないときには，官僚制は妨げになる。何よりも，多くの人が官僚制を憎んでいて，これは「官僚的答弁」「お役所仕

事」といったなじみ深い言い方に現れている。

　もう1つ，多くの専門職を雇用する組織も，過度に官僚制的であるならばうまく仕事を進めることができない。専門職は高い業務遂行水準を受け入れるように，高度な訓練を積み，社会化もされているので，官僚制的規則や手続きが彼らのやり方と干渉する。専門職従業員の価値を完全には活用できていない組織は，彼らにいわれたことだけをするように強く求めているのかもしれない。知識と専門能力を発揮するために雇われている専門職は，スキルと訓練を活かす裁量を与えられるべきであり，さもなければその価値のほとんどは無駄になってしまうだろう。この無駄は組織の立場から見れば非効率的であるし，従業員の立場から見れば邪魔な上に腹立たしい。

　経営学修士（MBA）や公共経営修士（MPA：Master of Public Administration）による経営の専門職化は，官僚制の価値をめぐって興味深い緊張を生み出している。専門職化した経営者は官僚制の非柔軟性とのコンフリクトをますます経験するようになってきている。資本主義国を覆う民営化の巨大な波が，資本のグローバル化によって生じ，これも多くの社会で官僚制からのシフトをもたらした。

　しかしながら，官僚制が持つ公平や規則遵守を重視する精神が減退することには危険が伴う。これは，世界規模の景気後退に続いて起こった金融業界での最近のスキャンダルや，いくつかの国の経済の崩壊が示してきたように，きわめて明らかである。変化に適合しようとする勢力と今やっているやり方に固執する勢力との間には緊張がこの先も常にあるように思える。官僚制に偏りすぎないように，離れすぎないようにと注意深く歩んでいく賢さが必要，ということなのかもしれない。

組織の物的構造

　長い間，組織のデザイナーたちは，古くからいわれてきた「形態は機能に従う」を信じていた。しかし機能もまた形態に従う。これは，新しいオフィスや家に適応していく際に，持ち物を置き直し，いつも行く場所を結ぶ新しい動線を確立していく様子に見ることができる。イギリスの元首相ウィンストン・チャーチル（1874-1965）は，かつてこういった。「我々は建物を作る。そののち建物が我々を作る。」

　建築家たちにとっては周知のことであるが，建物のデザインは，人々の動線や空間利用，そして，これらによって誰と会うかに影響を与えている。組織をうまくデザインするためには物的構造による影響を考慮しなければならないが，物的構造の点から見て組織がうまくデザインされているかどうかとは関係なく，物的構造は人々の働き方と互いの関係に影響を与えている。関係が，座る場所や作業環境の感じ方によって左右されるように，物的構造は社会構造に影響を与えている。

　効果が存在することがわかっているので，社会構造はどの組織メンバーがどの空間を使うのか，そしてその割り当てをどの程度コントロールするのかについて，大きな決定権を持っている。具体的には，どのような装飾をするか，勝手に入ってよいのは誰か，他者が働いている姿を見ることができるのは誰かは，組織の社会構造の支配下にある。

　社会構造と相互作用する物的空間についての最も有力な例を示したのは，イギリスの哲学者で社会論者のジェレミ・ベンサム（1748-1832）である。彼の弟が設計したものを，ベンサムはパノプティコンと呼び，「あらゆる社会施設に応用可能な新たな建造物の原則。あらゆる人を監視下に置くことが可能」と述べた[7]。

　監獄を例にとってみよう。パノプティコンは円形状に監房を配置し，これらは囚人から見えないようにした看守が陣取る中央の監視塔に面している。ベンサムによれば，

　　…個人が，常に監視する人の目にさらされ監視されればされるほど，ますます完璧に社会施設の目的は成し遂げられるようになるであろう。そうするために，最も理想的なのは，いかなるときであろうとも，誰もが実際にこの監視の状態に置かれることである。しかしこれは不可能であるので，次善の策はいつでもそうされていると信じるにたる理由を目にし，そうではない状態が考えられないようになれば，誰もが自分自身に自分はそうされていると思い込ませるようになるはずだ。

　いつでも見張られているかもしれないと考えることが，常に見張られているかのように，振る舞わねばならないというプレッシャーを生む。囚人たちの自己監視は，実際の監視の必要性と，そのため

図表7　パノプティコン（一望監視）監獄。ジェレミ・ベンサムが述べたデザインのように，看守が囚人からその姿を見られることなく監視可能な，監房に取り囲まれた中央監視塔を持つ

41

に必要な看守の数を減らす。それゆえパノプティコンはコントロールを実現する効率的な道具となり，同時に精神の監獄というメタファーを用いて，近代組織を言い表そうとする人々にとって格好の例となる。彼らの語法では，パノプティコンは「まなざし」，つまり権限が心理的に存在することを確実にする。監獄の囚人であろうとも，病院や精神病棟の入院患者であろうとも，組立ラインの作業者であろうとも，自己監視させることによって彼らをコントロールするのである。

さて，害をなすというわけではないが，しかし強力ではあるので，家，学校，教会，会社，そしてその他の組織の物的構造は，その中で生じる活動のパターンに影響を与える。家の壁は，台所から寝室までといった移動するときに通れる通り道を定めている。厚さ薄さは何を聞くか，何が聞こえるかを決めている。同僚と自分の職場と住まいの位置関係は，日常生活を送る上で同僚と非公式に会うことが，どの程度容易に，また頻繁に起こるかを決めている。使うスペースがどの程度近いかは接触の量に関係があり，それは仕事上の関係や友情を形成するチャンス，そして人によっては誰と結婚するかにさえも影響を与えている。

物的構造には多くの要素があり，様々な活動のなされ方，それらに関わることによる感じ方に影響を与えている。これらの要素には，建物と場所，装飾，家具什器，設備，さらに人間の身体までもが含まれている。そして忘れてはならないのは，立地・配置の重要性である。これらの要素のアレンジのしかたが組織の物的構造を形成する。物的構造のすべての特徴は，建築家やエンジニア，インテリアデザイナーがデザインできることは確かだが，同時にこれらの要素は誰かが意図的にデザインせずとも存在するものでもある。

どんなに小さくともすべての組織は，その物的構造の影響下にあ

る。巨大で広範囲にわたって活動する組織，つまり世界を結ぶエア
ライン，多国籍企業，フランチャイズ，小売チェーンなどは，全国
地図や世界地図にその地理を重ね合わせられるかもしれないが，小
さな組織であっても，占有する建物のフロアプランに地理を描け
る。ある建物の中のものの置き方，特に壁，大型什器，設備，美術
作品は建物の内部空間を構成し，さらに何のための場所なのかを決
めるのに役立つ。つまり個人や集団に建物の中の特定の場所を割り
当てることは，内部レイアウトのまたもう1つの重要な側面である。

このようにしてレイアウトは個人や集団が意思疎通し，活動を調
整する方法に影響を与えるが，これには口コミやうわさの発生のみ
ならず公式の命令報告関係も含まれる。レイアウトと調整の関係が
最も顕著に見られるのは，組立ラインである。ここでは作業者と工
具が決まった位置に配置され，組み立てられる材料が流される。巧
みにデザインされた組立ラインは，生産工程の多くの非効率や不便
を回避できる。とにかく，どのようなテクノロジーを用いるので
あっても，従業員は彼らが使うスペースの配分とアレンジによって
影響を受けるので，テクノロジーをサポートするように物的スペー
スをデザインすれば，効率性と有効性が高められる。

話はこれにとどまらず，人々が空間と取り結ぶ関係は組織文化の
一部となる意味を生み出す。空間をどのように飾りアレンジするかに
よって，その文化におけるある人々の価値を表現することが可能に
なる。大学教授が身の回りを本や学位記で取り囲む様子や，重役が
高価な家具や美術品，その他権力と達成のシンボルによって周囲を
固める様子を想像してみよう。ステータスを持っているだろうとしば
しば人々が考えるのは，素晴らしい眺めの広くしかるべく与えられた
執務室や，専用の駐車スペースが割り当てられた個人なのである。

ファサード，修景，家具什器や調度，色使いや形，製品やテクノ

ロジーの展示，そしてその他多数のデザインや装飾の特徴が，組織が内外に発信するメッセージの一部となっている。デザインや装飾はビジュアルな言語であるので，従業員がステータスや権力をお互いに示し合うのに用いているのと同時に，その壁の外側の世界にとっては，組織の文化や価値を読み解く重要な手がかりを提供している。最低限の什器しかない低家賃の設備を使っている組織を例に考えてみよう。そのような組織は，低コスト戦略を推進していることを伝えているのかもしれないし，見てくれや従業員の福祉にさえも気が回っていないか，関心がない，といっているのかもしれない。

　組織の物的外見は記憶に残る印象を作り出すのに有力な手段であるので，物的構造の諸要素に目をつけて組織アイデンティティや企業イメージを管理しようとする経営者がいる。組織アイデンティティを表現したり，企業イメージを管理したりするとくに有力な要素を挙げてみよう。印象的な建築上の特徴（ファサード，屋根の輪郭，照明効果，オフィスのインテリア，装飾のテーマ），製品デザイン，ロゴ，企業の文書類（例えばアニュアル・レポートやパンフレット），ユニフォームやドレスコードなど。

　これらがお互いを補い合うように注意深くデザインされれば，物的デザインの要素は組織の信頼性や性格についての印象に影響を与え，戦略ビジョンをシンボリックに強化することもできる。とはいえ心にとめておいて欲しいのは，これらの解釈，つまりその意味は，経営者やデザイナーが意図した以上に他のことの影響を受ける，ということである。

テクノロジーの影響と環境

　人類が現れるはるか前からチンパンジーは棒と石を使って食物を木からたたき落とし，堅果を砕き，漿果をすりつぶし，虫を地面か

ら掘り出していた。ゴリラは木の枝を使って川の水の深さを確かめている。彼らはテクノロジーを使っている。つまり，道具を用いて実利的なことを行う知識によって強化された手段がテクノロジーなのである。

火の扱い方の知識，車輪の発明，印刷機，コンピュータ，これらすべてが人類がたどった文明化のコースを変えたテクノロジーの例である。人類学者によれば，人類のテクノロジーの誕生は少なくとも 250 万年前，石器時代までさかのぼる。この時代，初期の原人は骨や石を用いて切ったりすりつぶしたり砕いたりして，食物を探し，獲物をさばき，住居や衣類を作るために獣皮をなめしていた。

とりわけ打製石器は興味深い初期のテクノロジーである。打製石器は石や骨を用いて燧（ひうち）石から鋭い切り口を残すように薄片を削りとって作られるが，これは初期の人類がある道具（石や骨）を用いて，別の道具（斧や矢じり）を作ることを学んだことを示している。矢じりは棒や植物繊維から作られた弦と組み合わされて，弓矢や槍となった。打製石器の製作と使用は，今日まで続くイノベーションの進歩の始まりを示している。つまり，ある道具を使うことから，他の使い方をする別の道具を作るヒントを得，また実際に作り出すのである。

さて，定義からいえば，テクノロジーに含まれるのは，道具，機械，そして仕事を行うために作られたその他の設備，そしてそれらを生み出したり動かしたりする手技や知識である。しかしながら，同時にテクノロジーというアイディアは人類の発展を連想させる。そう考えると，また別の全く異なる感情が強くわき上がってくる。例えば，テクノロジー主導型のイノベーションが生活を維持し向上させる手段となるという信念。そしてその反対の，テクノロジーへの中毒的依存とそれがもたらす地球という星への脅威が，最終的に

引き起こす結末に対して感じる恐怖。

　このようによい点も悪い点もあるが，テクノロジーは多くの点で社会に影響を与えている。多くの社会において，テクノロジーは経済を発展させ，効率性を生み出している。効率性が分業と一緒になると，より多くの時間を自由に使えるようになる。しかしながら，多くのテクノロジー・プロセスは，天然資源を枯渇させ破壊するという点で持続可能的ではない。このようによかれ悪しかれテクノロジーは私たちの価値観に影響を与え，その進歩はかつて直面したことのないような倫理的問題を突きつける。命は救うが高価な新しい医療技術の恩恵を受けられる人はどう決めるのか？　地球温暖化に直面しつつも，エネルギーを供給するために化石燃料を使い続けるべきなのか？

　2人の哲学者マルティン・ハイデガー（1889-1976），ヘルベルト・マルクーゼ（1898-1979）の主張では，問題をテクノロジーに頼りきって解決しようとしても，社会は損なわれ，生活状況に期待された改善はもたらされず，むしろ自由の喪失や心理的健康の減退につながるという。ハイデガーはこのような見方を『技術への問い』で示し，「我々が単にテクノロジーというものを受け入れたり推し進めたり，または受忍したり逃避したりするだけでは，テクノロジーの本質との関係を経験することはありえない。情熱的に肯定しようが心の底から否定しようが，あらゆるところで我々はテクノロジーから自由になることはできず，つなぎ止められたままなのである」と述べた[8]。ディストピア的テクノロジー観を知るために，ジョージ・オーウェルの小説『1984年』やウォシャウスキー姉妹の映画『マトリックス』は，読むべき本，観るべき映画である。

　メタファーに戻って考えてみよう。組織を機械のメタファーで捉えることが，どのように効率的なエネルギーの利用というアイディ

アを機械にとどまらず人へも適用するように促すのか，さらには，どのように精神の監獄のメタファーを惹起させるのかを思い起こしてほしい。どのメタファーを用いるのかによって，次に考えることは全く異なるであろう。

　多くの経済学者，技術者，経営者は，組織全体を生産のための複雑な道具ないし機械，つまり社会がそのメンバーに必要で望むものを与えるために用いるテクノロジーの集合体であると考えている。例えば，エレクトロニクス企業はテクノロジーの集合体であり，コンピュータ，電気器具，道具，ゲーム，おもちゃに組み込まれる半導体やその他の部品を設計し製造する。病院もテクノロジーの集合体であり，病人のケアをする。大学も市民を教育するためのテクノロジーの集合体である。

　テクノロジーによって可能になった製品，サービス，情報の交換は経済を作り出す。こう捉えれば，経済に活力を与えるのはおびただしい数の組織であるが，組織の複数のテクノロジーが集合的に国の国内総生産（GDP），つまり，財やサービスの総和を生み出している。ここで使われている「テクノロジー」は，組織が原材料インプットを加工されたアウトプットへと転換し，財やサービスを顧客や依頼者に届けるために用いる手段を意味している（図表8）。

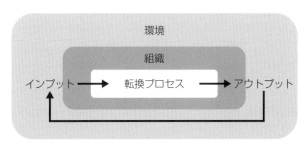

図表8　組織のテクノロジーは，資源をインプットする必要性とアウトプットとなる製品やサービスの市場によって環境と結びつけられている

ジェームス・トンプソン（1920-1973）によれば組織は社会で果たす役割によって，他の異なることをしている組織とは，異なるテクノロジーを用いることになる[9]。テクノロジーを媒介型，長連結型，集中型の3つに分類してみれば，テクノロジーには違いがあり，組織を社会的に，また物的に構造化する際に，それらを考慮しなければならないということがわかる。これら3つのテクノロジーは異なる働き方をし，いずれもそのタスクの相互依存に特徴がある（図表9）。このタスクの相互依存によって，組織が必要とする調整の量とタイプを明らかにできる。

　媒介型テクノロジーは，おのおの目的と役割を持った集団に交換を行わせる（図表9a）。例えば銀行は預金者から預かった資金を使って，借り手に貸し出しをする。不動産会社は不動産の売買を仲介する。eBayは何か物を売りたい人のために，それを買いたい人との取引手段を提供する。これらのエージェントやブローカーはその仕事を行うにあたって限られた調整しか必要とせず，それゆえ媒介型テクノロジーを用いる組織は，相互に独立して仕事をする従業員の努力を1カ所に集めて合計する以外のことはほとんど行わない。

　この1カ所に合計された相互依存は，媒介型テクノロジーで行われる仕事を調整するための規則と手続きを必要とする。例えば，リテールバンク（小口取引銀行）の支店では，規則と標準的な手続きに従って，銀行口座の開設，定期預金証券や投資信託への投資，貸し出しや与信限度枠の適用と承認などを行う。規則と手続きが基準を定め，これに従って意思決定が進められ，業務プロセスが遂行される。これらが調整にとって有用なのは，必要な活動について，それが世界中どこでなされようとも認められるようなやり方で，行われることを確実にするからである。

　長連結型テクノロジーは，自動車を作るために使われるような組立ライン生産に見ることができる（図表9b）。自動車の組み立てで

(a)

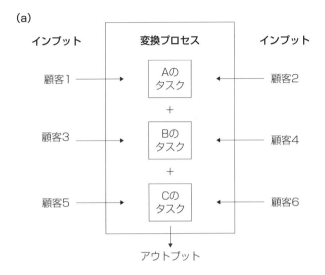

(b)

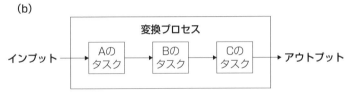

(c)

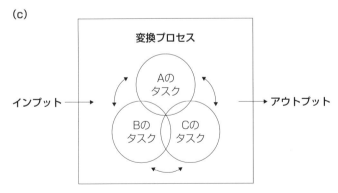

図表9　3つのテクノロジー。（a）媒介型　（b）長連結型　（c）集中型

は，エンジンが載せられる前にシャーシが組み立てられなければならないなどの順序がある。仕事は組立工程の中を通る動くラインに沿って行われる。それぞれの組立工程では，作業者が最終製品を組み立てるために順番に従ってタスクを遂行している。

　長連結型のテクノロジーでは，タスクが固定的な順序で行われるので，順列的なタスクの相互依存が含まれる。順列の後の方で行われる仕事は，その前に行われる仕事が不完全だったり遅れたりするとうまくいかない。生産の中断を避けるためには，注意深いタスク計画と作業者スケジュールによる調整が不可欠だ。スケジュールは活動が完遂されるための時間の具体的な長さと，個人が担当するタスクを決めている。

　最も程度の進んだタスクの相互依存は双方向である。これは集中型のテクノロジーに見ることができ，第三の調整の形態というべき相互調節を必要とする（図表9c）。順列的タスクと双方向タスクの最大の違いは，長連結型テクノロジーでは一方向の仕事の流れしか見られないのに対し，集中型テクノロジーの双方向の仕事の流れが，通常チームワークの形をとることにある。集中型テクノロジーは，共同の意思決定と，物理的に一緒に配置することや衛星回線のような直接かつ即時のコミュニケーションチャネルを必要とする。

　双方向のタスク相互依存を伴う集中型テクノロジーの典型例を，病院の救急救命室（ER）に運び込まれた患者で考えてみよう。まず患者の状態が診断される。重体であれば，すぐに医師，看護師，そしておそらくはその他数名の専門技師による治療を受けることになる。ERのスタッフは，患者の容態を落ち着かせるために協力して作業するが，各自が遂行するタスクは他のスタッフがしていることに密接に影響する。手術が必要となれば，病院のまた別の集中型テクノロジーを用いる部門がERから引き継ぎ，手術が済めば患者はリカバリーに移る。こう見れば，3つの集中型テクノロジーが組立

ラインのようにつながったことになる。

　実際のところ，集中型テクノロジーを用いるあらゆる組織は，長連結型および媒介型テクノロジーも同時に用いる。病院の ER，手術室，集中治療室（ICU）はそれぞれ集中型テクノロジーを用いている。同時に病院全体は部門間の引き継ぎプロセスにおいて長連結型テクノロジーを，経理部，カフェテリア，駐車場などで働く人を含め医療従事者の活動を 1 カ所に集めて合計するために，媒介型テクノロジーを用いている。

　病院の例を見て気づいて欲しいのは，一般的な公式，つまり合計から順列，双方向と相互依存性が高まるにつれて，効率的な組織のためにはより多くの調整のメカニズムが必要になるということだ。合計型の相互依存は，規則と手続きしか必要としないが，順列型の相互依存は，規則，手続き，スケジュールを必要とし，さらに双方向型の相互依存はこれら全ての形態の調整に加え，相互調節を必要とする（図表 10）。

　組織構造をデザインする際には，あらゆる双方向のタスク依存について計画することから始めるのが一般的には最も望ましい。それというのも，この相互依存は最もコストがかかる形態の調整を必要とするのみならず，相互調節を必要とする問題は，最も過誤やその他の非効率を生み出しがちだからである。順列型相互依存が調整に

テクノロジーのタイプ	タスクの相互依存	調整のメカニズム
媒介型	合計型	規則と手続き
長連結型	順列型	スケジュール
集中型	双方向型	相互調節

図表 10　タスクの相互作用が合計から順列，そして双方向へと増加するのにつれて，組織には調整のメカニズムが付け加えられる

際してその次に重要な考慮事項であり，最後に合計型相互依存が来る。

▌新技術とコンピュータ革命

コンピュータを利用するようになって，根本的な諸変化がもたらされ，新技術と呼ばれるテクノロジーが生まれた。これらに関わる諸々の技術に与えられた，この変わった名称は，今日まで長きにわたって使われてきた。「新技術」という用語が意味するツール，設備，生産やサービスの手法は，エレクトロニクスの進歩，とくにコンピュータのチップと衛星通信ネットワークによって実現したといえる。これらの諸技術は物理的な距離の近さと対面での調整の必要性を減らしたことによって，抜本的に仕事と組織を変えた。このようにして，新技術は，バーチャル組織の発達を促し，ネットワーキングを可能にしてきたのである。

構造に着目すれば，新技術によって意思決定の分権化と階層の削減が可能になった。その理由は，データはより利用しやすくなり，コントロールはどこからでも電子的にアクセス可能なソフトウェア・プログラム経由で行えるようになるからである。労働者たちは，インターネットサイトに掲載された就労機会を見つけ出し，彼らの都合で仕事をし，その成果を同じくネットで提出することがまま行われるようになる。多くの労働者にとって，もはや同僚や雇用者と直接会う理由はなくなり，したがって必要となる管理者の数は激減し，階層はフラットになり，同時に調整のコストは小さくなる。ごく少数の人だけしかこのようなバーチャル組織に雇用される必要はなく，この組織にとどまるごく少数ですら，家や移動中でのリモートワークが可能になる。組織化は存在し続けるが，公式組織はほとんどなくなってしまいそうだ。

例としてテクスタグル（txteagle, 現社名は Java）を考えてみよう。この会社は「クラウドソーシング」の企業で，携帯電話を持った，途上国に住む読み書きのできる人々の可能性を開拓している。同社の推計によれば，現在 20 億にのぼる途上国の人々が 1 日 5 ドル以下で暮らしている。携帯電話の技術を用いて，テクスタグルは短い文章を地方の言葉に翻訳するような，文字や音声，画像によるタスクを彼らに委託する。これらのフリーランスの労働者たちは，自分の携帯電話を使って，仕事の割り当てを受け取り，タスクを完了し，成果をメールで返送する。そして労働と引き換えに，時には一仕事数セントにとどまる報酬を受け取るのだが，これもまた携帯電話の口座に振り込まれる。

この例でわかるように，労働は新技術の利用によってかなり変わる。労働者たちは，多くのソースに基づく情報を処理するようになり，人間の上司ではなく，業務遂行を監視し過誤を正すソフトウェア・プログラムの応対をするようになる。

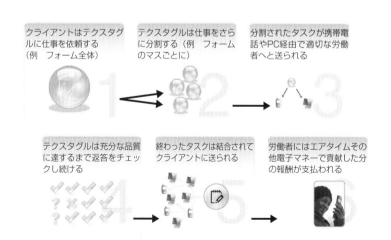

図表 11　テクスタグルによるビジネスの紹介

もっとも新技術によって大きな変化があったが，テクノロジーと環境および組織構造との関係を検討しなければ，ある目的に対して最善の組織化の方法は何か，という問いに答えることはできない。

▌ 技術的要請 vs コンティンジェンシー理論：
　最善の組織化の方法をめぐる終わりなき探究

テクノロジーと環境はどのように組織に影響を与えているのだろうか。明らかに，特定のテクノロジーを用いて達成される仕事と作業者を組織化する方法との間には結びつきがあり，これは，トンプソンのタスクの相互依存と調整についての節ですでに取り上げたとおりである。ここではテクノロジーと社会構造のリンクを最初に明らかにした社会学者ジョアン・ウッドワード（1916-1971）が1950年代に行った研究について述べよう[10]。

ウッドワードの研究によれば，テクノロジーごとに，最善の組織コンフィギュレーション，つまり組織を構成する要素や要素の組み合わせ方が存在する。彼女の研究以降，多くの研究者がテクノロジーによって集権化（組織のトップへの権限の集中），管理の幅（上司1人あたりの部下の数），公式化（規則や手続きの文書化）のような組織構造の特徴が決まる，と結論づけた。ところが，この技術的要請として知られるアイディアは，不完全にしか実際を描いていないことが明らかになった。

その後行われた研究を根拠にしていえば，組織化の最善の方法は，組織が直面する内部（つまりテクノロジー）と外部（環境に存在する他の組織や行為者への依存）の状況によって決まる（つまり，コンティンジェントである）[11]。コンティンジェンシー理論として知られるこの新しいアイディアは，組織化の最善の方法を決める公式は，使用するテクノロジーと環境にかかっていると考えている。唐突なたとえであるが，この話はちょっとばかりボードゲームの"クルード

（Cluedo）"に似ている。このゲームでは，プレーヤーは手がかり（clue）に基づいて，誰が殺人犯か，どの部屋が使われたか，凶器は何かを一番に当てようと競い合う。このボードゲームの映画版『殺人ゲームへの招待』に出てくる燭台を持った図書館のマスタード大佐の代わりに，コンティンジェンシー理論は技術と環境を手がかりに，最適の組織構造を決めようとしてきた。

　もちろん，組織のデザイナーはゲームのクルードに出てくるよりもたくさんの起こりうることに直面している。さらに，新たな状況変数が現れ続け，組織構造を「決める」ことがらのリストに要因を加え続けているように思える。運の悪いことに，これらの要因同士も複雑に関連し合っており，コンティンジェンシー理論がある所与の構造，使用される技術，組織が位置する環境の3者のベストマッチを明らかにするということはありえそうにもない。

　悩ましいことに，ある特定の構造をとってみても，それを支持する要因は数えきれぬほど存在し，適切な組織デザインの予測は複雑さゆえに明快な解答を導けない。いうまでもなく，急速な変化の影響は，あらゆる解答をあっという間に時代遅れにしてしまう。さらに，最善の組織デザインの予測を不可能にするまた別の理由がある。この理由を説明するには意味に注目することが必要なのである。

Chapter 3

組織であることが
意味するのは何か？

すでに見てきたように，環境が実体および個別具体的な組織と組織化にどのような影響を与えているのかを考える際，多くの考慮すべき要因がある。それらの要因を説明する1つの方法として，**図表12**のように環境を7つの領域（セクター）に分けて考察するものがある。技術，経済，物質の3つの領域は，客観的な特徴を数多く備えており，それらが組織に与える影響は自然科学を用いた数学的手法で測定できる。しかし，とくに社会心理学，組織社会学，文化人類学で見られるように，解釈主義的な社会科学も重要な貢献をなしており，残りの領域と大いに関係している。こうした学問分野は，意味に注目しているのである。

　意味に注目することで，人間の思考，行動，言語の使い方が，私たちが環境，テクノロジー，構造といった用語で考えたり，語ったりする組織を，どのように作り出しているのかがわかる。このように，組織が何を，どのように意味するようになったのかを考えるためには，センスメーキングと現実の社会的構築について，よく理解

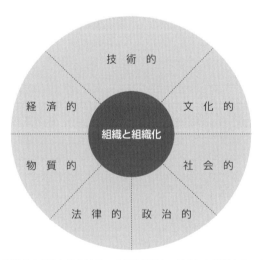

図表12　組織化の実践を形作る7つの環境領域と，そうした領域から，または，領域の中で生じる組織

しておく必要がある。

社会的構築とセンスメーキング

1967年，認知社会学者のハロルド・ガーフィンケル（1917-2011）は，彼の学生たちが行ったフィールド実験の結果を公表した[1]。ガーフィンケルは，学生らにデパートでの買い物や家族との食事の際に，通常の想定を覆す「ありえないこと」を行うよう指示した。学生たちはデパートで買い物をする際に値切ろうとしてみたり，家族や友人との食事であたかもマナーを知らないかのように振る舞ったりした。

学生たちによれば，この実験は混乱や不快感をもたらし，時には嫌悪感すら抱くものだった。実験の過程では理解できない状況がたくさん生じたが，けっして既存の社会秩序が崩壊することはなかった。それどころか，実験の参加者たちは，物事がいつもどおりにいくように努力を重ねた。例えば，食事の実験では「冗談だよね，君，大丈夫？」「普通の人になってから戻って来なよ」といった反応が返ってきたのである。この実験からわかるように，普段は意識していなくても，人々は協力し合っており，当たり前の日常生活を実現させようとしていたのである。この実験からガーフィンケルは，日常生活で作り出される意味とは，社会的に生み出された結果なのだと結論づけた。

ガーフィンケルの実験が行われたのと同じ頃，社会学者のピーター・バーガー（1929-2017）とトーマス・ルックマン（1927-2016）は，現実は，身のまわりで起きている物事や出来事に対する私たちの解釈に基づいて，他者とやりとりしながら組織化されるという考え方を打ち出し，私たちが現実を社会的に作り上げていくプロセスを「社会的構築（social construction）」と呼んだ。彼らの言葉を借り

れば「（現実についての）基礎的な知識は…実社会について『誰もが知っていること』の累計であり，格言，道徳，生活の知恵，価値観や信念，神話などの総体なのである[2]」。こうした社会的構築の解釈的な営みは，私たちが他者とやり取りしながら，自分たちが何をしようとしているのかを見出そうとするときに生じる。こう考えると，ガーフィンケルの学生たちは，社会的に構築された現実の営みをかき乱すことで，私たちが日常的に用いている社会的メカニズムの一部を明らかにしたといえる。

　集団で構築される現実は，構成メンバーの相互作用によって生じるため，集団が異なれば，異なる現実が構築される可能性があり，ある時期に構築された現実は，別の時期に構築されたものと同じとは限らない。まさに，社会的に構築された現実という考え方は，時間の経過とともに変化する無数の，時に競合する社会の解釈を踏まえることで複雑になり，そうして構築された現実が複数存在するという印象を与えかねない。けれども，社会的構築プロセスは，全体的にほぼ同じように機能するので，社会的構築がどのように行われるかに注目していれば，そこから生み出される複雑性へのよい対処法が見つかる。

　人々は互いにやり取りをしながら，間主観的に意味を作り出していく。すなわち，人々は精神の自己領域を越えて，他者との対話によって合意を形成していく。間主観性とは，個人を超えて行われる（つまり社会的な）構築の領域のことである。社会的構築作用の大半がそこに関わる個人の主観的な認識の外側で起こるので，現実というものが外部にあるように見える。まさに，間主観性は主観でありながらも，個人と個人の間の領域に存在するのである。そのため，ユングが提唱した集合的無意識の概念とは反対の，集合的意識と考えてもよいだろう。

それは社会的に構築された現実が，実在しないということではない。社会学者のウィリアム・アイザック・トーマス（1863-1947）が述べているように「もし人々がある状況を現実として捉えた場合，その状況は結果として現実になる」のである[3]。たとえ自分たちを取り巻く状況について思い違いをしていたとしても，そうなると信じていることは，あたかも客観的な真実であるかのように，自分たちの行動に影響を及ぼす。さらには，そうした行動の物質的な帰結が客観的事実に他ならないのである。

　「社会的に構築されたもの」は，社会的事実あるいは日常生活の現実と考えることができる。これらは客観的には存在しておらず，むしろ，私たちがそうした経験を客観化し，それについて互いに語り合うことで，自分の人生の意味を理解しようとするときに現れてくる。客観化とは，社会的に構築された現実が，私たちが通常，現実と呼ぶものとどう違うかを示すことである。いわゆる，一般に現実と呼ばれているものは，そうした現実に関する私たちの思考や発話とは無関係に存在する客観的対象と見なされている。対照的に，社会的に構築された現実は，そうした現実に関する私たちの認識，思考，感情，話したり書いたりしたことの産物であり，これらはすべて社会的，文化的，法的，政治的な文脈と私たちが使用している言語の影響を受けているのだ。

　組織心理学者のカール・ワイク（1936-）は，人間がセンスメーキング（意味形成）を用いて経験に意味を与えることを指摘し，社会的構築プロセスについての理解に貢献した[4]。センスメーキングとは，経験をチャンクに分解し，それぞれに意味を付与することである。ワイクは，これを地図の作成（マップメイキング）になぞらえた。地図を作成する際には，陸地を様々な領域に分割するが，それは領域の周囲に境界線を引くことで描かれる。ワイクによれば，物的世界

で地図を使うのと同じように，人は自分の経験のある側面についての認知マップを作り出して，実社会でも自らの進むべき道を見つけるという。もちろん，認知マップが人々の行動を効果的に調整するには，彼らの間でそのマップについて，かなりの程度の間主観的合意が求められる。

　様々な方法で社会的に構築された現実についての認知マップは，地図化された領域に他ならない。それが使えるおかげで，対象がセンスメーキングによって間主観的に作られた際，客観的に存在しているものとして考えやすくなる。ワイクの指摘では，このことはとくに組織にあてはまる。というのも，ある集団がみなで組織化の活動をマッピングするとき，認知マップを作るプロセスを通じて，組織の存在を実感するようになるからである。ワイクにとっては，存在するのは組織化であって組織ではない。彼の見解では，ある組織について語るときも，それは認知マップのことであって，物質世界に存在する実体のことではない。

　とはいえ，認知マップは，行動に影響を与える一方，行動からも影響を受けるため，実際には物質的な意味合いを持っている。ワイクは「イナクトメント（enactment）」という用語を提唱し，認知マップに導かれた思考と行動が，組織化を含む現実をどのように構成するのかを説明している。ワイクは「人々は行為する際，不確定要素を作為的に選んだり，秩序の痕跡らしきものを差し挟んでみたり，文字どおり自分たち自身に対する制約を課してみたりする」と語っている。そして彼は，行動が果たす役割を強調し，センスメーキングがすべて頭の中だけで起こるわけではないことを主張するために「インシンクメント（enthinkment）」ではなく，意図的に「イナクトメント」という用語をチョイスしたのである。

　ワイクは，イナクトメント理論を用いて，人々が情報と見なされ

るものを定義し，そうしたデータを収集・分析し，それを利用して意思決定を行い，行動していく中で，環境がどうやって社会的に構築・再構築されていくかを描写しようとした。ワイクは「人々は，未定義の空間，時間，行動に対して線引きをし，カテゴリーを設定し，これまで存在していなかった環境の特徴を新たに創造するようなラベルづけをする」と主張した。

　通常，組織のメンバーは，環境を客観的に捉えられるものと見なし，データを収集して分析しようとするが，そうした分析行為自体が，メンバーが対応すべき新しい環境を創造（実体化）してしまう。環境へ対応するとは，メンバーにとっての現実を見定め，それを実体化することで，彼らが期待していたとおりの環境を構築することに他ならない。ワイクは，この主張を説明するために，アルプス山脈で遭難したある兵士のグループがピレネー山脈の地図を使って生還したという出所不明の逸話を紹介している。兵士たちは，その地図が自分たちの遭難している場所の地形を表していると信じることで，進む方向がわかり行動に移せたのである。彼らの行動，すなわち，自分たちはアルプス山脈の地図を持っていると確信していたという1つのイナクトメントが彼らを危機から救ったのである。

　社会的構築とセンスメーキングは無意識下で働いているけれども，意図的に，また政治的に動機づけられて起こることさえある。例えば，1960年代のアメリカで，アフリカ系アメリカ人のサブカルチャーに属する人々は，ニグロではなくブラックと呼ばれるべきだと主張することにより，彼らの集団アイデンティティとイメージの両方を変えた。その後に起こったブラックプライド運動は，そうした主張を前進させ，社会的構築にはイナクトメントを通じて変化を生み出すポテンシャルがあることを証明してみせた。

　社会的（再）構築，センスメーキング，イナクトメントの継続的

プロセスが安定性を生み出すのであれば，意味が改められてシンボルとなり，他者に伝えられ受け入れられるとき，変化が生じる可能性がある。しかしながら，2008年にはバラク・オバマ大統領の選挙もあって黒人コミュニティが目覚しく前進したにもかかわらず，アメリカの人種問題の多くは，保守主義に囚われたままだ。センスメーキングの観点からいえば，新しい現実が日々作られている一方で，古い現実が再現され続けている。では，私たちが組織と呼ぶものを含めて，社会的に構築され続けているものをどのように説明すればよいのだろうか。制度理論が1つの答えを与えてくれる。

制度，制度化，制度的環境

　制度というものは，人々の行動に大きな影響を与え，文明や社会を成り立たせる重要な仕組みである[5]。制度は，社会生活の中で比較的変わらないものであり，頻繁に繰り返されるので，制度と結びついた行動はほとんど見直されることがない。そのため，制度は気づかないうちに私たちを支配するようになる。西洋文化での握手や東洋文化でのお辞儀を考えてみよう。どちらの習慣も，参加者が社会の中で，当たり前のように行うことで制度化されてきたものである。

　「制度」という用語は，紛らわしい。というのも，組織というカテゴリーも社会に存在する個別具体的な組織も，ともに制度と呼ばれるからだ。カテゴリーとしての企業と個別具体的な企業のIBMがそのよい例である。このように，「制度」という用語は，習慣（握手やお辞儀）を指すだけでなく，組織のタイプやカテゴリー（法人企業や病院），個別具体的な組織（IBMや赤十字）を指すこともある。さらにそこには制度的神話や制度的ロジックまでも入り込んでくるのである。

　制度と制度化の定義をめぐる円環的な関係からも，さらなる混乱

が生じている。例えば，制度というものは，制度化されたことで，制度ではないもの（non-institution）から区別される。そして，制度化された思考方法（つまり，制度的神話と制度的ロジック）は，制度を生み出す実践を下支えするのである。こうした定義をめぐる混乱があるにもかかわらず，制度理論は当然視され，社会的に構築された現実に対して多くの示唆を与えてくれる。

■ 正当性，正当化，制度化された期待

制度，そして制度化のプロセスが重要なのは，それらが組織に正当性を付与するからである。正当性とは，個別具体的な組織が依存している資本あるいは原材料といった物的資源とは対照的な，社会的資源と考えることができる。正当性なしに，組織が成功することは困難である。というのも，規制当局，投資家，メディア，一般市民といったステイクホルダーから見て，組織には正当な存在であるための懸命な努力が求められるからである。銀行が銀行のように見えないと，人々はそこにお金を預けることはないだろう。対照的に，オンライン（バーチャル）大学は，従来の高等教育機関に代わる正当な存在であることを入学希望者や就職先の企業に納得してもらうために，特別な努力が必要となる。

制度化された期待，すなわち，銀行や大学とは何かを定義するものは，ある特定の組織が正当であると見なされるかどうかに影響を与える。そのため，個々の組織は正当性を求めるあまり，目的を遂行する上で必要かどうかではなく，世間一般に受け入れられている組織の形態や実践を採用するようになる。例えば，なぜ私たち大学人は教員のポストを拡充せずに，見栄えのする建物へ資金を投じてしまうのだろうか。こうした意思決定は，合理性と正当性どちらに動機づけられているのだろうか。実際役に立つかどうかに関わらず，データや統計という言語に意思決定を委ねてしまうというビジネス

上の実践は，正当性（すなわち，合理的に見せたい）という圧力が，ど
れほど目的（合理的であること）よりも勝っているかを示す好例であ
る[6]。

　正当化の圧力は，文化，規制，成功願望の3つの要因から生じ
る。文化的期待は，規範的圧力を生み出す。例えば，「プロフェッ
ショナル・マネジャーを採用すれば組織の意思決定が合理的に行わ
れるだろう」といった期待は，多くの組織でMBAやMPA課程修
了者を採用させることにつながる。その結果，MBA・MPAホル
ダーの存在が，プロフェッショナリズムと合理的意思決定に信頼を
寄せる文化を強化する。また，規制は強制的圧力を生み出す。例え
ば，罰金や懲役といった負の制裁が科されることで，法律や規則に
従う必要性を一層感じるようになる。さらに，他社の成功を手本に
したいという願望が，ベンチマークに代表される現代の経営実践を
模倣する圧力を生み出す。そこでは，自社に新たな成功をもたらそ
うという期待から，経営陣が世間一般で称賛されている組織を調べ
るようになるのである。
　正当性を失った組織にとって，その正当性の価値は簡単にわか
る。かつて称賛され手本とされたアメリカ企業のエンロンとアー
サー・アンダーセンは，共謀してエンロンの大規模不正を隠蔽した
ことで，規範的な制裁（世間の信頼の失墜）やその後の強制的な法的
措置が科され，一夜にして経営破綻に追い込まれた。正当性がこれ
ほどまでに失われるのは稀だが，その重要性は決して過小評価され
るべきではない。製造技術に原材料が不可欠なように，正当性が組
織の活動を継続させるのである。しかし，正当性は，鋼鉄といった
原材料とは異なり，組織の内部や周辺で生じる人々のセンスメーキ
ングによって創り出され，制度的環境を形成するのだ。

▌制度的環境：市場，官僚制，社会運動の役割

　制度的環境が現れるのは，制度が互いに依存しながら絡み合い，相互作用の中で社会的に構築された複雑な関係を生み出すからである。これが意味しているのは，組織というものは，制度として，環境の文化，社会，政治，法律といった領域(セクター)で構成される，より大きな制度的秩序の中に埋め込まれているということなのである。組織の構造や実践は，制度的環境に組み込まれた規則，法律，慣習を反映し，それらに応じて変化していく。そのため，制度的環境は，それがもたらす影響に全く気づいていない場合でも，組織を暗にコントロール（統制）しているのである。

　制度的環境において最も強く働く力は，市場と階層組織の2つである。もちろん，市場といえば，商取引や私企業のことを思い浮かべる。しかし，厳密には市場原理の影響下にない公的部門の組織も，管理者にコスト削減の圧力をかけて競争と似た内部条件を設定することで，市場原理を擬似的に再現しようとすることがよくある（成功企業の実践を取り入れようとする模倣圧力の効果）。市場というものは経済競争を生み出すが，それを通じて，最小限の介入だけで，価格と利潤が市場に参入する組織の行動を調整してくれる。このことをアダム・スミスは「見えざる手」と呼んだ[7]。

　市場の見えざる手は，組織が資源へのアクセスを不当に利用しないようコントロールしてくれる。ある組織がそれを不当に利用した場合，競合する組織が市場に参入し，彼らが得意な分野で不当に利用しようとした組織を打ち負かすことができるからである。とはいえ，市場の調整が機能するのは，組織が明確な定義づけや価格設定のできる製品やサービスを提供し，競争が価格を意味あるものにする場合に限られる。取引コスト経済学のオリバー・ウイリアムソン（1932-2020）は，これらの条件が満たされない市場は，非効率に陥

り，最終的には失敗すると指摘した[8]。

組織の行動を規律づけるには，市場での競争の代わりに，階層組織で権限を持つ者が作成し掲げる規則や規制を利用することもできる。しかし，階層組織とそこから生じた官僚制は，よく知られている失敗をもたらす。ほとんど変化しない安定した世界では，官僚制組織はうまく機能するが，急速に変化する時代においては，進化するニーズに対応するのに苦労する。変化への抵抗が規則主義と合わさると，官僚制組織を自己目的化し，環境不適応なものとしてしまい，やがて環境圧力に適応できなくなる。

市場が効率的に価格設定できず，官僚制組織も環境変化へ迅速に対応できない場合，市場も官僚制組織も十分な統制機能が果たせなくなり，組織をコントロールする側に与して権力の不均衡から社会を守れなくなってしまう。では，制度的秩序は，その秩序形成に役立つと思われている組織をどのようにコントロールできるだろうか。とくにグローバル組織が現地のコミュニティや国家よりも大きくなった場合はどうだろうか。1つの可能性として考えられるのは，社会運動の中に典型的に見られる，倫理的統治，生態系の持続可能性，社会的公正を強く求める組織的な社会活動である。

社会運動は，巨大企業や政府に対する統制を（再）獲得しようとする新しい取り組みのことである[9]。こうした社会運動は，グローバルに展開され，大企業や政府が享受するのと同じパワーと影響力を持つようになった場合，とりわけ興味深いものになる。こうした社会運動が生み出した非政府組織（NGOs）のような新しい組織が，企業と社会の間の権力の不均衡を是正させるほど制度的秩序に影響を与えられるかどうかは，まだわからない。

赤十字は，とうの昔に制度的地位を確立し，多くの NGO が追随

するモデルとなっている。赤十字の正当性は，政府機関や企業に対してグローバルな影響力を持ち，こうした組織からの複数のプロジェクトへの資金調達を可能にしている。果たして，赤十字のような複雑な制度的利害関係が，私たちの地球資源の搾取を抑制できる新しい制度的秩序になりうるのだろうか。それとも，複雑さのレイヤーを増し加えて，これまで以上にコントロールが難しくなるだけだろうか。

　たとえ社会運動を通じてグローバル企業や政府を規制したり，最低でも影響を与えて，最悪な行動を改めさせたりすることに成功したとしても，私たちは間違いなく企業や政府に依存し続けるだろうし，必要があれば，災害を防ぐために適時に制度を変えられると思っているのだ。こう考えるに足る理由がある。それは制度が社会を安定させる役割を担っているにもかかわらず，時に制度も変化するからである。

　近年，アメリカでは，同性愛者を含むすべての人に，結婚して家庭を築く権利があると考える人々が増え，婚姻制度が大きく揺らいでいる。婚姻制度のルールを変える圧力が，アメリカ国民に対して，婚姻をどう定義するのかといった根本的問題を突きつけている。婚姻とは（教会や国家から）与えられる結婚許可証なのだろうか。それとも，他の契約と同様に，国民が自由に婚姻届を出す権利を持っているのだろうか。もし後者であれば，誰がどのように婚姻に関与するかを決める上で，教会のパワーは著しく低下し，制度としての活動範囲は制限され，その権力や影響力の一部は他の制度，例えば裁判所に移されるかもしれない。

　このように，制度的な領域を規定する境界線は引き直せるので，当然のことながら，アメリカの教会からの反発はもちろん，女性が夫と離婚する権利，婚外同棲，避妊や中絶の習慣といった他の社会

的問題についての議論が起こっている。より大きな制度的秩序に埋め込まれていることが，婚姻という制度を変えることが難しい理由を説明するのに役に立つ。けれども，時間の経過や経験によって考え方が変われば，制度も変わっていくだろう。それは，人々が何をするようになるのかという問題である。今や，軍隊においても同性愛者であることを公言する権利が法律で定められているが，同性婚が認められるのはいつになるのだろうか。

　世の中にはよいニュースもあれば悪いニュースもある。制度は混乱を抑え，社会生活を安定させ予測可能なものにする。しかし一方で制度は，創造性，イノベーション，ひいては変化そのものを抑制してしまう。というのも，制度は，社会秩序の無意識の再生産に依存しているので，新しい意味を起こりにくくしているからである。
　これに対して文化理論は，意味を，よりダイナミックに取り扱うものなので，制度理論よりも変化を理解するのに適切なフレームワークを提供してくれる。しかし，文化と制度の間には密接な関連があることに注意が必要である。私の考えでは，文化は意識的な思考や感情を行動に反映することで発展する。対して，制度は，意識的な領域から無意識の領域へと移行するものである。その意味で，今日の制度は，昨日の文化がゆっくり朽ち果てていった形跡なのである。

組織文化とシンボリズム
（シンボルによる意味の生成）

　組織を含むあらゆる社会集団において，メンバーは複雑な意味のシステムを構築し，互いを順応させ活動を調整する。この社会的に構築された意味のシステムは，人々がともに生活する際に行う解釈

から生成されるものである。そして意味のシステムは，行動に影響
を及ぼし，物事（モノ，出来事，言葉）にシンボリックな意味を与え
る。

　ある意味，文化とは，その構成メンバーが作り出すシンボルと文
物（人工物）が詰まった貯蔵庫である。しかし，文化はメンバーがみ
なで行う集団的なセンスメーキングの産物でもあり，同時に絶えず
意味が作り出され，作り直されるコンテクストでもある。これは，
文化人類学者のクリフォード・ギアツが「人間は，自ら紡ぎ出した
意味の網の目にぶら下がった動物だ」と語ったときに伝えようとし
たことである[(10)]。ギアツが文化を意味の網の目と定義したことで，
組織文化の研究者たちは，シンボルやシンボリックな行為に目を向
けるようになった。

　社会心理学者のエドガー・シャイン（1928-2023）は，ギアツにも
影響を与えた文化人類学者の研究に依拠して，文化をより機能的に
定義した[(11)]。シャインによれば文化とは「ある特定の集団が，外部
適応と内部統合の問題に対処していく学習の過程で発明，発見，開
発された基本的前提のパターンである。うまく機能し，有効だと見
なされたパターンは，これらの問題に関して知覚，思考，判断する
際の正しい方法として新しいメンバーに教えられるようになった」。
注意して欲しいのだが，外部適応は組織文化が外部環境に関係して
おり，内部統合は組織文化が組織の社会的および物的な構造や技術
に関係していることを示している。

　シャインの組織文化の定義は広く普及しているにもかかわらず，
組織文化研究の大半は，内部統合を重視しており，組織が外部環境
に適応するためのメカニズムとしての文化への関心は限られている。
経営者も内部統合に過度に目を向け，組織文化が変化への抵抗力を
生み出すと批判しているが，組織文化には組織に変化をもたらし，

変化を支援する多くの機能があることを十分に理解していない。パスクアル・ガグリアルディは組織文化の2つの機能の違いを「組織は同じ状態でいるために変化している」と逆説的に語ってみせた[(12)]。心にとめておくべきことは，組織文化は安定と変化の両方を同時に可能にするということである。

　シャインによれば，組織文化は集団的な意味の深層にあり，日々の生活についての基本的前提を表している。そこには，時間の意識（過去，現在，未来のどの時点を重視するのか），人間性の本質（支配か，協働か，従属か），他者との関わり（階層的か，民主的か，個人主義か，集団主義か）などが含まれる。こうした基本的前提は，人々の行動を導く価値観として明確に現れてくる。ゆえに，文化の影響を受けた行動は，文化的価値とそれを支える基本的前提が実体化した文物を生み出すのである。

　文物が何を意味し，どう振る舞えば許容されるのかを知っていることは，文化の一員となった証である。職場での服装から上司への言葉遣いに至るまで，日常的な問題や神聖なタブーに対する解決策は，シンボルとして理解されている文物を通じて意味伝達される。

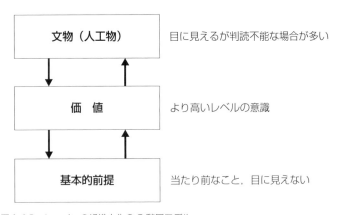

図表 13　シャインの組織文化の3階層モデル

シンボルとシンボルの機能（シンボリズム）は，文化がセンスメーキングによってどう社会的に構築され，それが組織にどういった影響を与えるのかの理解へと導いてくれる。

▌ シンボルと文化的意味を説明することの複雑さ

あらゆる文物（人工物）がシンボルになりうるが，すべての文物がシンボルというわけではない。文化的シンボルは，文化の構成メンバーがある文物に独自の意味づけを行ったときに生み出されるものだからである。すなわち，シンボルとは，何かを意味する何かである。それはちょうどある国の人々が国旗にナショナリズムを感じるようなものだ。それは，国旗を意思表示の目的（例えば，敬礼したり，振ったり，燃やしたりすること）に使うのと同様に，国旗の存在に国の誇りを実感するたびに，国旗という文物のシンボリズム，つまり，象徴としての作用が繰り返されるのである。

ある文物は，常に特定の意味を持つようになる。例えば，戦争という文脈では，白旗は降伏を意味する。この例では，文化は制度に合致している。というのも，文化的シンボルとしての白旗が交戦に関する国際的な制度的秩序の中で1つの制度になっているからである。この文脈では，白旗の意味は固定化され，疑問の余地がなく（制度化されており），あらゆる文化を超えて理解されるのだ。

サインが示す意味とは異なり，シンボルの意味には解釈の余地があるので，シンボルは多義的でしばしば相反するメッセージの伝達や，真逆の目的での使用を可能にする。例えば，ある人々は，他の人々が神聖なものとして扱っている旗や聖典を燃やしてしまうことがある。こうした例からわかることは，シンボルが示す象徴的な意味は，人々が仲間や他者と交流する際に使用する文物の周辺や，文物を通じて構築されるということなのである。

シンボルは共有されることが多いが，共有されたシンボルの解釈は，とくに時間の経過とともに違ったものになっていくのが普通である。そこで，何世紀にもわたって卍（スワスティカ）で表現されてきた全く異なるイメージを見てみよう。卍は，新石器時代に初めて現れ，仏教，ヒンズー教，ジャイナ教などによって宗教的な意味が与えられ，今日に至るまで継続的に使用されてきた。その一方で，ホロコーストの犠牲者や彼らに同情する人にとっては，元々サンスクリット語でスワスティカと呼ばれ，幸福を意味する卍の意味は，ナチズムの逆さ卍（卐）と結びつくことで損なわれ，ネオナチにとっては自分たちの思想のシンボルであり続けている。

カテゴリー	例
物体	アート／デザイン／ロゴ 建築／装飾／家具 ドレス／外見／コスチューム／ユニフォーム 製品／機材／ツール 展示：ポスター／写真／記念品／漫画 看板
口頭表現	専門用語／名前／ニックネーム 説明／理論 物語／神話／伝説とそのヒーローと悪役 迷信／風評 ユーモア／ジョーク メタファー／ことわざ／スローガン スピーチ／レトリック／弁論
活動	式典／儀式／通過儀礼 ミーティング／研修／パーティー コミュニケーションパターン 伝統／習慣／社会的ルーティン ジェスチャー 余興／レクリエーション／ゲーム 報酬／罰

図表 14　文物（人工物）は様々な形をとるが，物体，言葉，行為，これらの組み合わせから構成される

文化的シンボルに複数の意味が存在することは，文化を豊かにすると同時に文化のコントロールを難しくする一因にもなっている。シンボルとして機能させる目的を念頭に置いて文物を作り出す人々にとって，それが意味するところは明確ではっきりしているかもしれない。しかし，別の人が一旦その文物を自分たちのシンボルとして採用すれば，それを使って自分たち独自の意味を表現するようになる。例えば，ファンは，企業ロゴやスローガンを使ってブランドや企業との一体感を表明する。その一方で，マクドナルドのロゴを肥満児の写真につけてみたり，霊園の写真を「マルボロ・カントリー」というスローガンで飾り立てたりするなど，アンチも同じシンボルを使って組織を非難するのである。

　新しい意味が生み出され，以前の意味が新しい形に置き換わるのと同様に，シンボルは，表現を通じて常に作り出され，変化していく。このことは，シンボルの意味が増えるだけでなく，様々な意味が絶えず入れ替わることを示している。こうした意味の入り替わりは，意味形成のプロセスが活発で人々の関心を引きつけていることを示唆している。

　私の見解では，文化プロセスへの積極的な関与が，文化が共有されているという認識を生み出すのである。シンボルごとに独自の意味を作るのではなく，センスメーキングによって文化を共有していくことに注目すれば，ある文化で共有された意味というものを，すべてのメンバーが満足いくように説明するのは無理だということがわかるだろう。私たちが共有しているのは，文物と私たちが文物と一緒に意味を作ってきた経験であって，必ずしも特定のシンボルの意味についての解釈ではない。もし，それらの意味に同意できなくても，ある文物を称賛し，私たちのシンボルとすることで文化を共有している。このように，必ずしもシンボルの意味内容に同意する

必要はなく，また同意したいと思わなくてもよい。結局のところ，私たちの相違点は，お互いの類似性が快適さや安定感を生み出すのとほぼ同様に，新しい状況に適応するための文化の力に貢献しているのである。

▌社会化と予期せぬ要素

シンボルは，通常，その文化の作法に慣れ親しんだ人にしか認識されない。それゆえ，新しい文化の中に飛び込んでいくのは容易ではない。文化の物的シンボルは，一般に誰でもアクセス可能だが，その文化のメンバーのみが，シンボルが持つ意味を認識し理解できる。そのため，そうした文化的知識に通じるには，その文化で生まれ育った子供たちには社会化するための，また，その文化のメンバーになりたいと思う部外者には同化するための一定の期間が必要となる。社会化の過程で，文化の構成員たる内部者は，からかうことから体罰に至るまでの制裁手段を用いて，新参者にその文化に合った思考，振る舞い，シンボルを用いたコミュニケーションの作法を教え込む。

しかしながら，文化的知識の大部分は暗黙の領域にあるため，直接伝えることはできない。実際，直接のコミュニケーションは，文化を学ぶ上では逆効果になる場合がある。というのも，文化の構成メンバーは言葉で語れる以上にその文化のことを深く知っており，時にメンバーたちが話すことと，実際に行うことが違う場合があるからだ。その文化で公にされているルールやアドバイスに従っても，文化という複雑な意味のシステムを完全に説明することはできない。暗黙の規範，価値，前提といった意味形成をもたらすものは，その文化に埋め込まれており，その大半が，日常生活の無数の経験や文脈を通じて新しいメンバーに伝達される場合がほとんどなのだ。

しかし，ある文化の中で完全に社会化されたメンバーであっても，シンボルの意味がもたらす解釈の表現に驚かされることがある。私が生まれ育った街にあるノートルダム大学が新しい大学図書館を建設していた頃の話である。大学当局は，ローマ・カソリック教会の宗教的伝統を象徴するものとして，この図書館をあえてキャンパスの中心部に建設することにした。そして，建物には，両手を広げて天を仰ぐキリストの姿を象ったモザイク画が描かれることになった。

ノートルダム大学に属するメンバーの大半は，幾度も優勝経験のあるフットボールチームを誇りにしており，このチームは長年にわたって大学スポーツに貢献してきた。アメリカンフットボールでは，チームがゴールを決めると，審判は両手を広げて「タッチダウ

図表15　インディアナ州サウスベンドのノートルダム大学キャンパスの図書館本館を飾る強力なシンボル

ン」を宣言するが，この姿は，図書館に描かれたモザイク画そのものだった。図書館はフットボールスタジアムのすぐ近くにあるのだが，どうやら大学当局者は誰一人として，学生がフットボールとキリストというノートルダム大学の2大シンボルを結びつけることを予期していなかったようだ。除幕式が行われたとき，学生たちはそのモザイク画を「タッチダウン・イエス」と命名してしまったのだ。

　「タッチダウン・イエス」は，組織文化の重要なポイントを指摘している。すなわち，ある文化の構成メンバーがセンスメーキングを通じて社会的に構築したシンボルに付与する意味は，常に予想できないものであり，コントロールすらできないということだ。大学当局者は，そのモザイク画に違ったキャッチコピーをつけたかったのだろうが，実際はノートルダム大学の文化が生み出したキャッチコピーがつけられたのである。文化を工学的に操作することには限界があり，文化が機械とは違うメタファーを提供する理由もそこにある。

　組織のメタファーに関連して補足すれば，文化的価値，規範，期待を通じて他者をコントロールすることを望むマネジャーにとって非常に魅力的に映る，文化を工学的に操作するという考え方は，文化それ自体のメタファーより精神の監獄のメタファーと相性がよいことに目をとめるべきだろう。精神の監獄のメタファーは，権力の問題を想起させ，組織のサブカルチャー同士の関係の問題へと目を向けさせてくれる。

▍サブカルチャー

　社会集団のメンバーが一握りの数を超えて成長していくと，文化はいくつかのサブカルチャーへと分岐する可能性が出てくる[13][14]。分業，異なる活動を物理的に離れた場所で行うこと，権限委譲，権力と地位をめぐる内部闘争は，そのすべてが組織内の差異を生み出

すことにつながる。ある集団のメンバーがやり取りを繰り返していけば，互いに自分の意図を伝えるために，自分たちの仕事の進め方，仲間用語，それまでとは別のシンボルを形成していく。これらは，サブカルチャーが生み出される条件となる。とくに多くの組織で顕著に見られるサブカルチャーは，トップマネジメントの周辺に生息するサブカルチャーである。

　トップマネジメントのサブカルチャーは，企業文化を生み出す。そうした文化は，トップマネジメントが切望し，正式に表明された文化のことである。企業文化と組織文化を混同してはいけない。組織文化は，組織全体で社会的に構築されるものである。これにはトップマネジャーも含まれるが，センスメーキングは組織全体に波及するので，トップマネジャーは組織文化を完全にコントロールできない。トップマネジメントの影響力は，企業文化を伝えることだけではなく，トップマネジメント自らの行動を通じてもたらされるものである。そうした影響力は，権力の発生源に関係なく，組織のサブカルチャー間の力関係によって調整され，組織全体に波及していく。

　階層的権威の相対的な力関係によって，強い影響力を持たないサブカルチャーは，通常，トップマネジメント周辺のサブカルチャーとして方向づけられる。ほとんどのメンバーは企業文化を受け取れることで，自身の堅実な立ち位置を確保していく。しかしながら，このことは，自分たちのサブカルチャーが，常に企業文化と調和していたり，企業文化を支持していたりするわけでもないのである。トップマネジメントに対する対抗文化志向は，社会におけるのと同様に，組織でも時々生じてくる。その結果，権力関係は，組織内に様々なサブカルチャーを作り出してしまうのだ。

　組織にサブカルチャーを生み出す可能性のある他の差異的要因

は，以下の5つから生じてくる。職業（例えば，医者，看護師，麻酔科医，病院の管理者など），職能別の専門性（例えば，マーケティング，ファイナンス，人事など），地理的ロケーション（例えば，東西南北），在職期間（例えば，古参と新人），アイデンティティ（例えば，性別，人種，民族性，性的志向）である。ある特定の組織のサブカルチャーは，力関係を含むこうした差異的要因のいずれかが混在しており，ある文化の構成メンバーが，複数のサブカルチャーに属することも容易である。例えば，個人レベルでは，従業員のマネジャークラスへの昇格の場合など，時間の経過とともに，たまたま所属が変わることもある。

　サブカルチャーは，組織内の差異の区分を考察する上で1つの視点となる。社会構造の一部となっている部門化もその1つである。とはいえ，いくら組織内で複数の部門に分かれようが，権力がなくなることはないのである。

Chapter 4

組織化は誰に利益を
もたらすのか？

どんな生き物でも，必要な資源や手に入れたい資源が限られているときには，力の争いに巻き込まれる。これらの条件次第で競争が起こり，相対的な力の行使によって，誰が勝利するかが決まる。競争は組織内外に影響を与える。外部では組織同士がその生存に不可欠な資源をめぐって競争し，内部では個人がトップの地位，高い賃金，およびこれらが与えてくれる名声と権力のために競争する。権力の源泉を支配しようとする競争は政治的な行動をもたらす。

　権力とポリティクスは，資本主義に対して批判的な人々の注目も，資本主義を支える経営の実践上の関心も引き寄せる。批判的な人々がしばしば参照するのは，社会階級間の関係における支配の影響について述べたカール・マルクスの理論である[1]。以下がマルクスの問いである。

　なぜ支配された集団は自分たち自身に対する搾取に同意するのか？　そして，なぜ彼らは彼らを支配する者と共謀することさえあるのか？　マルクスは，社会的，経済的，政治的な構造が権力関係を支えており，これらは支配に基づいていると考えていた。

　マルクスの多くの信奉者によれば，資本主義組織は他者を支配したいという欲求の経済的表現ともいえる。この支配したいという動機によって，組織の意思決定プロセスをめぐるポリティクスと同じくアイデンティティのポリティクスも説明できる。この言葉を使えば，性別，人種，民族，および性的指向の違いに基づく多様性を受け入れる際に生じる闘争について述べることができる。アイデンティティをめぐるポリティクスが明らかにしているのは，支配の最も醜い結果の1つ，抑圧である。

　マルクスに触発されて，資本主義に対する批判者たちは自律性がもたらす（例えば，個人の自由，人間の発達，創造性といった）恩恵が資本主義や経営の実践によって必要以上に制限され，ゆがめられていると考えている。彼らによれば，あらゆるステイクホルダーの利害

を考慮するコミュニケーションと意思決定プロセスが，支配がもたらす負の結果に対する対抗手段となる。というのも，全人格を完全に関与させられれば，家族，健康，人間としての良識といった価値観は，金儲けだけに奉仕する者に勝てるようになると信じているからである。職場民主主義やコーポレート・シチズンシップといった例があるように，企業による支配の負の効果を減らそうとするステイクホルダーの影響によってできた組織も実際にある。

　しかし，組織の権力やポリティクスに関心のある人の誰もが，批判的な見方をするというわけではない。組織の中で権力が果たす役割を単に認め，理解したいという人もいれば，組織のポリティクスを自分たちに有利に利用するために知りたいという人もいる。関心を持つ理由が何であれ，あなたが接するどのような組織も，少なくともある程度は，これらの力によって形成されていることは間違いない。

権力，ポリティクス，依存

　広く用いられている定義によれば，権力とはある人が持つ他者に影響を及ぼすことのできる力，である[2]。個人は組織の中で多くの権力の源泉に直面するが，そのすべてが対人関係の中に組み込まれている。これは権力が関係的なものであることを意味している。例えば，その人の地位に由来する公式の権限は，組織階層の上下関係に基づく。しかし，上下関係だけでなく，その他多くの権力の源泉が存在する[3]。

　例えば，他人にとって魅力的な性格や容姿は，個人的な権力をもたらす。他者が必要とする技能，知識，情報を持っていることは，専門家としての権力をもたらす。強制力，つまり強制的な権力は，他者を服従させるほど強い力の脅威に由来し，他者にそうでなけれ

ばしないような行為をさせたり，本心とは異なる態度を標榜させたりする。予算，原材料，設備，労働力の供給，物理的な空間などの希少ないしは重要な物質的資源をコントロールできることは，これらの資源を欲したり，必要としたりする人々に対して行使できる資源依存権力をもたらす。権力者や情報へ他人がアクセスすることをコントロールできれば，アクセスをコントロールする人々は機会を左右することに基づく権力を持つことになる。

　権力関係はしばしば複雑なものである。例えば，最も公式の権威を有する者（例えば，王や女王，大統領，CEO）でさえも，助言者の専門性に依存しており，助言者は権力者へのアクセスを利用して，他者に対する優位性を獲得する。そして，階層の頂点にいる者はすべてのコントロールが許される権限を持つように見えるかもしれないが，これは下層の参加者が保持している権力と比較しなければならない[4]。例えば，生産を行う設備の保全作業員は，その知識を使って管理担当者の権力に対抗できるのである。

　機械が壊れてしまうと，生産によって目標を達成しボーナスを獲得していた管理者は，機械を修理できる人に依存するようになる。機械の故障は，機械を修理するのに必要な知識をコントロールし続けられる限り，保全作業員に大きな権力を与える。このような権力の源泉をコントロールするために重ねた努力は，経営者の権力に対抗できるようになり，労働契約と労働組合という制度をもたらすことになった。

　公式の権限とその他の権力の源泉との間にはいくつかの重要な違いがあり，公式の権限と区別するために，後者を非公式の権力と呼ぶこともある。その違いの1つを挙げれば，公式の権限の行使が，組織の中で下方向に行われるのに対して，他の源泉に基づく権力の行使は，個人間や組織単位間で上方向や水平方向に行われるという

特徴を持つ。経営者に対する労働者のストライキは，権力を上方向に用いる例である。同僚にとって重要な情報を隠しておくことは，ある個人間の関係の中で起こる水平方向のパワープレーである。職能部間をはじめとする部門同士の縄張り争いは，異なる集団間で行われる水平方向のパワープレーの例である。

公式の権限を用いることは，非公式の権力を用いるよりもコストがかからない。非公式の権力を行使するためには，知識や個人的に気にかけてやるなどの資源を使わなければならないのが普通であるし，ある決定を支持してもらうのと交換に，別の決定についての関与や譲歩を必要とする。非公式の権力はひとたび行使されると減退し，権力の保持者はそれを刷新しなければならなかったり，影響力の低下に苦しんだりすることになる。例えば，オフィススペースの割り当てを管理している人が，この資源のコントロールによって権力を得られるのは，割り当てを決めるまでの間だけである。個人的な魅力を使いすぎれば，かえって人を操作するようなやつと見られ，個人的な権力を失うようになる。

それに比べて，公式の権限の行使は，使用によって減退することはなく，むしろ強化されることさえある。公式の権限として制度化された権力についていえることだが，公式の権力を行使しないと，その権力者が権力を保持していることに疑問を抱かせるようになってしまうかもしれない。ここでは，「使わないとダメになる」がとくによく当てはまる。

公式の権限を使わねばならないというプレッシャーと，使えば補わなければならないその他の権力でそれを相殺しようとするモティベーションゆえに，組織の権力分布はいつも流動的である。状況が変化したり，新たな問題が発生したりすると，権力の均衡点を見つけようとする努力が繰り返されて，組織のポリティクス（政治）が

生み出される。

　多くの人々が，政治的なプロセスは合理性を損ない，次善の意思
決定しか生み出さないために，ポリティクスは組織では不適切なも
のだと考えている。それにもかかわらず，ほとんどすべての組織で
時間を費やしているという事実が，政治的な行動が存在することの
否定できない証拠である。新人マネジャーが犯す世間知らずな間違
いの1つは，意思決定に際して「融通のきかない」（つまり，反論の
余地なく合理的な）解決策を提示してしまうことである。これは，否
定されてしまうだけだし，否定する人々は，新しくやってきたマネ
ジャーに，しくみというものをどう動かせば将来よい結果が得られ
るのかを助言してくれるであろう。政治学者のハーバート・サイモ
ン（1916-2001）は，この現象を限定合理性の理論で説明し，それが
1978年に受賞したノーベル経済学賞の理由の1つとなった[5]。
　サイモンによれば，意思決定が合理的であるのは，組織ではまず
ありえない，きわめて限られた条件下，すなわち，既知の問題に明
確な解決策がある場合だけである。これらの条件が揃わなければ，
限定合理性が優勢になる。これは理想としての合理性を保ちつつ
も，最適よりも使える解決策を探すことで意思決定者が「満足する
（satisfice）」現象である（満足させる satisfy と十分である suffice という単
語の合成語である）。
　あなたの家族は，どこかにお出かけしようとか，何かをしようと
か，みんなが賛成できる選択だからだというだけで決めたことはな
いだろうか？　そういうときは，たぶん，誰も心から観たいと思っ
ていたわけではない映画を観に行ったりしたのではないかな？　も
しそうなら，あなたは満足していた（have satisficed）ことになる。や
り方次第では，満足化（satisficing）の範疇に最適化（optimization）
が含まれるが，合意に至るまでのコストを考慮しないのが最適化で

ある。「ベスト」の解を見つけるのには，時間，労力，コストがかか
りすぎると判断したために，最終的な決定が意思決定者たちの明確
な目標や意図を下回っているが，彼らは満足しているのである。こ
れは，満足化があなたの家族を誰も観たくない映画に連れて行った
のと同じことである。

対立する利害，希少資源をめぐる競争，複雑に相互に依存し合っ
た行為者と問題，これらすべてが意思決定プロセスの合理性のため
の条件とは対立するし，組織内ではありふれたことである。これら
の状況下では，最適とは何かが争点となり，その論争は通常，公式
の意思決定がなされる前にしくみを動かすというような政治的なプ
ロセスを通じてしか解決できない。

限定合理性によって意思決定プロセスが政治化されるのは，あま
り影響力を持っていない意思決定者たちが自分たちの利益を実現す
るために，ある代替案を共同で支持し，より強力な意思決定者の影
響力を相殺しようとするときである。このとき，より強力な意思決
定者は自分たちの政治的優勢を守ろうと結束を固めざるをえなくな
る。この合従連衡は，最終的な意思決定に達するまで続く。これは
連合体形成として知られており，その結果，その他の意思決定者よ
りも連合体内部の諸利益を優先した決定が支持される[6]。

新しい問題が常に生じるので，組織の中での政治活動は尽きるこ
とがない。連合体形成が日常茶飯事になれば，組織は，一義的には
権力と政治の闘技場，つまり誰もが意思決定するために，絶えず支
持を取引し合う場になる。そう考えないことは難しい。

しかし，組織の権力の源泉は組織内だけではなく，環境にも存在
し，組織に対して権力が行使される。環境はその力を用いて，競争
的な価格，望ましい製品やサービス，効率的な組織構造やプロセス

を要求する。この要求は，立法や規制のような制度だけでなく，組織とその多くのステイクホルダーとの関係に埋め込まれた権力のダイナミクスによっても行われる。

　環境に組織を支配する力があるのは，環境内の他の組織や主体がコントロールする資源を組織が必要とするからである。複雑な依存の組み合わせが，組織とその資源を提供する主体との間に存在する（図表 16）。供給業者は原材料や設備を組織に販売し，顧客は製品やサービスを消費し，投資家と資金の貸し手は資本を提供し，職業紹介所は労働力をあっせんし，大学とシンクタンクは知識をもたらす。

　競争相手，規制当局，特定の問題に関心を持つ集団（Special Interest Group：SIGs）もまた，生存と成功に関する組織の機会に影響を及ぼすことがある。競争相手は，原材料や労働力の入手可能性や価格に影響を与えるし，顧客や優れた従業員をめぐって競争する。税務当局，許認可権者，税関といった規制主体は，利益に影響を与えたり，商取引の妨げになったりする可能性がある。特定の問題とそれ

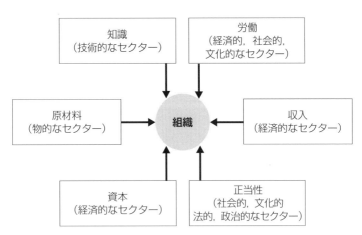

図表 16　組織は，資本，原材料，知識，労働，収入，正当性のために，その環境に依存する（括弧内はこれらの資源が引き出されるセクターを示す）

に関わる SIGs は組織の様々な活動に影響を与えることを望み，政治的・経済的・社会的・文化的な圧力をミックスして用いて組織の意思決定と行動に影響を及ぼそうとする。

　例えば，各種 NGO は，世界中の保健問題，人権，フェアトレードに始まり，株主の権利，ファミリー・ワークライフバランス，ジェンダーや人種のようなアイデンティティ集団間の不平等，環境保護や消費者保護に至るまで，組織が様々な問題に取り組むように要求することがある。もちろん，組織も自らの SIGs を有している。例えば，業界団体はロビイストを雇って，個別の企業に代わって，官僚や議員に圧力をかけている。

　組織は職能的にも事業的にも専門分化するが，その理由の一部は外部の依存性を管理しやすくするためである。これが組織内のもう1つの権力の源泉を生み出している。組織論者のジェフリー・フェファー（1946-)とジェラルド・サランシック（1943-1996）が指摘したように，環境に対する重大な依存を組織のために管理できる集団は，組織内の権力を得ることになる[7]。

　例えば，マーケティングは，販売促進，既存顧客へのサービス，新規顧客の発掘と誘引によって市場への依存を管理する。コーポレートコミュニケーション（広報）は，企業イメージのキャンペーンや企業市民プログラムなどによって，ネガティブな世論や SIGs の影響に対処する。人的資源（HR）は，必要とされる人材の採用・流出防止戦略で，労働力と知識への依存を管理する。財務は，キャッシュフローを管理する。また内部留保の現金を使った投資などで資産にレバレッジを利かせて，製品やサービスの販売とは独立した収入の流れを生み出せる。

　組織内部で，それぞれの部門がどの程度の権力を持つのかは，その部門が組織のために重大な外部への依存を効果的に管理できるか

どうかによって決まる。つまり，外部の影響が組織内部の部門や地位の権力基盤を左右する。さらに，個人や部門が自らの利益を拡大しようと（例えば，予算要求への回答を上積みさせようと），この権力を用いるとき，組織構造は組織の外部との関係によって形成されることになる。

　このように組織内部でも権力のプロセスが生じるので，組織が環境のように見えてくるのはもっともなことである。このプロセスが存在するので，権力とポリティクスは組織を理解する上での中心課題である。つまり，権力とポリティクスは常に支配から生じているが，それらのダイナミクスは，ある組織内で働く個人の間にも，ある環境で事業を行っている組織の間にも見ることができる。

　それゆえ，権力のダイナミクスは，組織の深部にまで浸透し，それゆえ，マルクスのいうとおり組織は支配の効果に服従する。しかし権力は支配以上のものも生み出す。これを指摘したのは，20世紀の民主主義の擁護者である社会学者のメアリー・パーカー・フォレット（1868-1933）である。マルクスと異なりフォレットが提示したアイディアでは，権力とは創造的なエネルギーの源泉である。彼女は，コンフリクト状態において統合する力を作り出すプロセスは，支配に見られる敵対し合う力に替わりうると考えていた。

　フォレットの考えでは，支配は，コンフリクトを解決しうる3つのアプローチのうちの1つにすぎない。彼女は，第二の戦略である妥協に対しても，どの関係者の利益も完全には満たされないので，支配と同じく否定的である。3つのアプローチの中で，統合だけが全員の利益を尊重するが，実現のためには問題を創造的に再定義することが必要だ。

　フォレットが用いる統合の例は，図書館で読書をしている2人である。1人は窓を開けたいが，もう1人は窓を閉めたままにしてお

きたい。一方が支配し，他方の利益を犠牲にして自らの意思を押し通すというのもありうるが，フォレットが提案したのは，隣の部屋の窓を開けることである。彼女がこの統合的解決にたどり着けたのは，窓を開けたい人が本当に望んでいることはただ単に換気であり，窓を閉じておきたい人は単に風が直接吹いてきて欲しくないだけだと認識したからである。フォレットによれば，両方の関係者はどちらも望んでいるもの（新鮮な空気と風が吹いてこないこと）を得ているために，隣の部屋の窓を開けるという代替案を見つけたことは妥協ではない。

　いまだに支配と妥協に拘泥し続けている組織やその経営者，管理者は権力についてのフォレットのアイディアに，耳を傾けるべきだといえる。フォレットの考えがあまり浸透していない原因は，彼女のジェンダーにあると考えるフェミニストもいる。彼らによれば，彼女の影響が限られているのは，アイデンティティのポリティクスの1つの帰結である。これもまた，組織における権力が何を意味し，それがどのように働くかについて考えるまた別のきっかけとなる。

アイデンティティのポリティクスと多様性

　フェミニストがしばしば主張することであるが，ステレオタイプは社会の一部のメンバーを疑ったり，その価値を下げたりする原因である。フェミニストたちの指摘する事実によれば，高い社会的地位と権力をもたらす高給で名誉ある仕事が，ジェンダー，人種，民族，宗教，性的指向，年齢といった社会的アイデンティティの多くの次元で不平等に分配されている。周縁に追いやられたアイデンティティ集団についてのステレオタイプ（固定観念）は，それらのメンバーが，給料，権力，地位が低いのが普通であるような特定の仕事に就いたり，役割を担ったりすることが自然であると思わせる。

資本主義社会の至るところで権力と権威のポジションが白人男性で占められているという不均衡が，説得力のある根拠である。

　フェミニストが一般的に考えているところでは，私的生活での労働は，思いやりと共同体という女性的だとされる理想と結びついており，他方，公的生活での労働は合理性や競争を重視するが，これらの特徴は男性のステレオタイプと昔から結びついている。多くのフェミニスト研究者によれば，この男女の領域を公/私に分離することが，ジェンダーについての二元論的な見方を強化する。男女のアイデンティティの定義も，男女間の相互作用もこの二元論の影響を受けている。

　二元論とは，反対の意味を持つ2つの用語同士の関係を意味するが，それは補完（陰/陽）と対立（賛/否）のどちらの面もある。フェミニストは，二元論が伝統的な支配/従属関係を強化し，既存の社会秩序を永続させると主張する。公/私に加えて，理性/感情，ハード/ソフト，能動/受動といった他の二元論も同様に，男/女の違いを強調する。これらの二元論は，ジェンダー関係を再定義しようとする粘り強い取り組みが行われているにもかかわらず，既存の関係を生き延びさせてしまう。

　この効果がどれだけ浸透しているかを確認するためには，上記のそれぞれのペアを逆順に読んでみればいい（例えば，感情/理性）。こういう読み方をすると奇妙に感じないだろうか？　フェミニストは，自分たちが書く文章の中で，しばしば「彼」を「彼女」で置き換えることによって，言語における女性性を当たり前に，また，女性に焦点を当てることを，男性に焦点が当てられているのと同じぐらい身近なことにしようとしている。その前の言葉の入れ替えで，違和感を覚えなかった程度と同じぐらいには，彼女彼らの試みはうまくいったのではないか？！？

　フェミニストの社会学者ジョーン・アッカー（1924-2016）は，

ジェンダーについてのアイディアを組織へと敷衍し，ジェンダー化された組織という概念を提唱した[8]。アッカーは，ジェンダーを構築するのは，ジェンダーに基づく権力関係を生み出す社会実践であると考えて，ジェンダー化された（すなわち，ジェンダー・ニュートラルではなく，どちらかの性が有利になるような）やり方で言語を用いる権力者が，重要な結果を決定すると主張した。権力者のほとんどが男性の場合，彼らは自分たちの権力を守ろうとするディスコースを支配している。このディスコースには女性がどう言い表され，評価されるべきか，その結果，地位も権力もない，影響力に乏しい仕事が彼女らにどう押しつけられるかが含まれている。このような態度が徹底的にジェンダー化された組織を社会的に構築するのである。

　私は，あるコンサルティング会社から，従業員の評価プロセスを観察し評価して欲しいと頼まれたことがある。年に一度の昇給や昇進の検討のために，従業員がリストアップされた際に，全員男性の評価担当者たちがどんな言葉を使っているのかに気がついた。男性の候補者が誰一人として「アグレッシブ（積極的，強引な）」という言葉で記述されることはなかったのに対し，女性候補者は全員が，アグレッシブすぎるか，もしくはアグレッシブさが足りないかのいずれかで記述されていた。

　アグレッシブさの基準は，男性候補者の評価に用いられていなかっただけではなく，どの女性に対しても昇給が低いことや昇進がないことを正当化するために用いられていた。私がこのことを指摘すると，評価者はまさか，という顔をしつつも，恥ずかしそうな表情を浮かべた。このようなことは，ジェンダー関係に限らず，人種，民族，その他の多様性の次元にまで見ることができる。例えば，アメリカ大統領のバラク・オバマは，母が白人，父が黒人で，「黒人すぎる」や「黒人とはいえない」と評されてきた。

組織のジェンダー化，もしくはステレオタイプ化や差別の根拠となるものは，言葉の問題にとどまらない。これらは物質的なリアリティを生み出す。例えば，社会学者・人類学者のピエール・ブルデュー（1930-2002）は，カビル族がどのように男女の関係を反映させて家を築くかを記述した[9]。このアフリカのベルベル人は，住居を半分の高さの壁で区切った2つの区画に分けている。一方の区画は，もう一方より広く，高くなっており，家の女性たちが磨き上げた粘土と牛糞で覆われている。「男性の」と見なされるこの大きな空間は，食事や来客のもてなしに使われるが，対照的に小さな「女性の」空間では，女性や子供が寝たり，道具や動物のえさを保管したりするロフトの下で動物が飼われている。カビル族は，男性の空間から高い，明るい，調理された，乾燥した文化のような言葉を連想し，女性の空間から低い，暗い，生の，湿った自然のような言葉を連想する。

　人間同士の関係は，カビル族の文化が示すのと同じようにジェンダー化される。つまり，ジェンダーは文字どおり物的世界に体現されるだけでなく，社会生活の中にもシンボリックに，また言語的に組み込まれる。あまたの小さなシンボルが合わさって，メンバーたちに自分たちは何者かを，そしてどう振る舞えばよいのかを伝え，期待と規範を生み出す。この期待と規範ゆえに，文化はジェンダーの差異を定義し維持する力を持つ。つまり，人間のジェンダーをはじめとする多様性の諸次元が文化的基盤を形成し，その上にアイデンティティが生まれ育つのである。

　権力関係は組織内に支配のパターンを作り出すとともに，しばしばあるジェンダー，人種，民族，年齢層，性的指向，宗教を優遇する。この優遇は深層レベルで起こり，支配的な立場にいる人々は，自分たちの支配が形成してきた文化が与えてくれている特権に気が

つかないことがよくある。もちろん，支配者であっても自らの思いのままに，もしくは永続的に，すべてを自分たちで決められるわけではない。これは人間にとっても人間以外の社会的な種にとっても同じように真理である。

　私が住んでいたマサチューセッツ州イプスウィッチのルート133を東に一マイル走ると，ウルフホロウという灰色オオカミの保護展示施設がある。そこでは，地元の家族が1人のナチュラリストと幾人かのボランティアの助けを得て，オオカミの群れを保護している。そこを訪れれば，オオカミの群れにはよく知られているように階層的秩序があり，群れが機能するためにリーダーを必要とすることがわかってもらえると思う。普通は，アルファと呼ばれる序列一位の雄がこの役割を担うが，雌がリーダーになれないというわけではない。ウルフホロウの群れは，数年前にリーダー役のオオカミを失ったことから停滞し，飼育者たちは適切な青年期の雄を探す必要に迫られていた。彼らが見つけた代わりのオオカミには，かわいがっている妹オオカミがいたので，二頭ともウルフホロウに連れてくることになった。

　二頭のオオカミは成長し，雄は群れに受け入れられ，期待どおりに第一位の役割を担うようになった。妹のジェリーは，適応するのがより難しかった。兄オオカミを支配するほど常に強く攻撃的だったので，ジェリーは群れの階層秩序を覆すやり方で兄に対して力を使い始めた。例えば，えさの時間になると最初に食べると主張し，終わると他のオオカミが食べられないように，えさの残りの上で寝転がったりした。ジェリーはケンカをすれば兄にも勝てるので（あるケンカの後には，傷を縫わなければならなかったほどである！），兄オオカミは彼女を叱ることができなかった。飼育者たちが見つけられた唯一の救済策は，別の囲いにジェリーを移動させることであった。

野生では，ジェリーはオオカミの専門家が一匹狼（disseminator）と呼ぶものになって，群れを離れて，別の群れを立ち上げただろう。そうすれば，彼女は局所的な社会秩序を破壊せずに，自分の力を使えただろう。しかし，ジェリーは飼われて育ったために，人間に頼りきっており，野生では生きていくことができなかった。彼女は群れの近くに置かれた檻に入れられたが，もはや群れの一部ではなかった。彼女は吠えて，不満を露わにしたが，群れのためには別々にしておくほかなかった。こうした形のオオカミたちの生活は，同情した人間のボランティアがジェリーが寂しくないようにと，そばに座らせてもらえるようになるまで続いていた。ジェリーは，この親切なソウルメイトを仲間とし，今日，彼女は15フィートの空中への跳躍と大きな濡れたキスでこの人間の仲間を迎え入れている。

　ジェリーとジェリーが引き起こした混乱とこの状況への人間たちの反応について何がいえるのだろうか。そして，改めて本章の目的のために，伝統的に決まっていたジェンダーの役割を（再）確立するようにオオカミの群れを再編成した人間たちから，どのような教訓を引き出せるのだろうか？

　結論としていえることの1つが，オオカミの群れは人間の組織とあまり違わない，ということかもしれない。最強の雄たちが競争して，誰がリーダーになるかを決めて，その地位の特権を享受し，群れを守り，その場所に全員をとどめておくといったリーダーシップの責任を引き受ける。群れの中での階層的な秩序は，誰が最初に食べるか，したがってどれだけ食べていいか，誰が誰に従うのか，そしてどれだけの高さで尻尾を上げていいかさえ決める。これは，ジェリーによって脅かされた秩序でもある。彼女は兄オオカミが自分を統制できないと気がついたので，そのリーダーシップの地位を奪おうとしたのである。

ジェリーを一匹にした解決策は，人間社会で時に強い女と呼ばれている女性に馴染みのないものではないだろう。そのような女性はオオカミのアルファに相当する男性の同僚から受け入れられにくく，組織で他の女性を含む「群れ」から歓迎されることもほとんどない（ただし，か弱い女性も，男性のわからないところでジェンダー間の競争を促しているかもしれない）。強い女性が権限のある地位を得るとき，彼女らはアルファの男性の同僚と同じ課題に直面するが，1つ大きな違いがある。それは，彼女らが女性であるがゆえに，脅かされた男性たちが，自分は彼女に挑戦する権利があるが，彼女には男性と競争する権利などないと信じているかもしれない，ということである。

　ジェリーが被った孤立は，ジェンダーで階層化された社会に典型的な権力関係のもう1つの側面である。ある強い女性を処遇しなければならないという必要性を退ける最良の戦略は，彼女が「群れ」の中で役割を担うことを妨げ，可能であれば，彼女に子供というものを持たせないことである。これは，彼女の昇進を（例えば，「彼女はアグレッシブすぎる」という理由で）妨げることで，部下を持たせないという意味ではシンボリックであり，伴侶になりうる人から拒否されているという意味では文字どおりである。もし，その強い女性が「わきまえた」女性であって欲しいという期待に背こうものなら，彼女はあらゆるやり方で孤立させられることになる。ひとたび孤立させられてしまえば，他の人々のロールモデルとなるのはほぼ不可能で，男性に対して優位に立つようなやり方で行動し続けたとしても，他の人々の目には無力に，そして事実上，従属させられているように映る。

　ここで，人間はオオカミではないし，強い女性たちも会社を立ち上げて，家族を育てているじゃないか，というかもしれない。彼女らはほぼ男性からなる組織を支配することさえある。これは，人間

の方がオオカミよりも行動の選択肢が多いという証拠にはならないのか?

　そう考えることは間違いではない。しかし，ジェリーを閉じこめ，よき母親にならなそうだからという理屈で，子供を残せないようにした飼育者一家の正当性については問われていない。この問われていない正当性と同じことが，多くの社会で女性の平等が唱えられ出して何十年も経った後でも，いまだに男性がほとんどの組織を支配している理由であるとは考えられないだろうか。同じようなことが，白人でない，異性愛者でない，「男らしく」ない，その他あらゆる支配的な集団の定義にあてはまらない人々についてもいえる。多様性には莫大な利益があることを数えきれないほどの研究が示してきたにもかかわらず，いまだなお問わねばならない。「私たちは，人間という服を着たオオカミにすぎないのではないか?」

　ウルフホロウの話に戻って，私は，人間の介入がなければ，群れが最終的にジェリーをリーダーとして受け入れたのかどうかについて考え続けている。彼女のえさを一人占めしようとした行動は，序列が変化するプロセスの最初の一歩にすぎず，人間の保護者が彼らのジェンダーステレオタイプを押しつけたときには，そのプロセスの一部しか完了していなかったのではないか?　いろいろ述べてきたが，野生のオオカミには，最上位の雌がリーダーになっている群れも実際にある。

批判的なポストモダンの声

　人間の階層と組織的な権力の利用（乱用）の帰結がもたらす誤りを見つけ出すのは，フェミニストだけではない。すでに述べたように，マルクスとその信奉者たちは，資本主義と支配の結果を批判し

毎度ご愛読をいただき厚く御礼申し上げます。お客様より収集させていただいた個人情報
は、出版企画の参考にさせていただきます。厳重に管理し、お客様の承諾を得た範囲を超
えて使用いたしません。メールにて新刊案内ご希望の方は、Ｅメールをご記入のうえ、
「メール配信希望」の「有」に○印を付けて下さい。

| 図書目録希望 | 有 | 無 | メール配信希望 | 有 | 無 |

フリガナ		性 別	年 齢
お名前		男・女	才

ご住所	〒
	TEL　　　（　　　）　　　　　　Ｅメール

ご職業	1.会社員　2.団体職員　3.公務員　4.自営　5.自由業　6.教師　7.学生
	8.主婦　9.その他（　　　　　　　　　）

勤務先分類	1.建設　2.製造　3.小売　4.銀行・各種金融　5.証券　6.保険　7.不動産　8.運輸・倉庫
	9.情報・通信　10.サービス　11.官公庁　12.農林水産　13.その他（　　）

職 種	1.労務　2.人事　3.庶務　4.秘書　5.経理　6.調査　7.企画　8.技術
	9.生産管理　10.製造　11.宣伝　12.営業販売　13.その他（　　）

愛読者カード

書名

◆ お買上げいただいた日　　　　年　　月　　日頃
◆ お買上げいただいた書店名　（　　　　　　　　　）
◆ よく読まれる新聞・雑誌　（　　　　　　　　　　）
◆ 本書をなにでお知りになりましたか。
　1．新聞・雑誌の広告・書評で　（紙・誌名　　　　　）
　2．書店で見て　3．会社・学校のテキスト　4．人のすすめで
　5．図書目録を見て　6．その他（　　　　　　　　　）

◆ 本書に対するご意見

◆ ご感想
　●内容　　　　良い　　普通　　不満　　その他（　　　　）
　●価格　　　　安い　　普通　　高い　　その他（　　　　）
　●装丁　　　　良い　　普通　　悪い　　その他（　　　　）

◆ どんなテーマの出版をご希望ですか

<書籍のご注文について>
直接小社にご注文の方はお電話にてお申し込みください。宅急便の代金着払いにて発送いたします。1回のお買い上げ金額が税込2,500円未満の場合は送料は税込500円、税込2,500円以上の場合は送料無料。送料のほかに1回のご注文につき300円の代引手数料がかかります。商品到着時に宅配業者へお支払いください。
同文舘出版　営業部　TEL：03-3294-1801

た。これらの批判は新たな支持者とエネルギーをポストモダニズムから得ている。ポストモダニズムとは，権力が抑圧，暴力，不平等において果たす役割について説明しようとする20世紀後半の哲学である。批判的なポストモダニストたちは，権力が言語や制度を隠れ蓑とする傾向に着目し，組織と関係を持つ私たち自身を考える新しい方法を世に問うた。ポストモダニストたちによれば，すべては啓蒙主義から始まった…。

「理性の眠りは怪物を生む（El sueño de la razón produce monstruos）」という言葉が，最後の巨匠と考えられているフランシスコ・デ・ゴヤ（1746-1828）が描いた自画像の中で，彼がもたれて眠っているデッサン台の側面に書かれている。眠っている人物の頭上には，18世紀の教育を受けたヨーロッパの人々にとっての無秩序のシンボルである不吉なコウモリやフクロウが群がっている。

　啓蒙主義の時代においては，ゴヤの銅版画に描かれたようなアイディアが信念として広まりつつあった。合理性（理性），つまり啓蒙された知性によってもたらされたもののみが，人類を迷信の悪夢から目覚めさせられると広く信じられ始めていた。

　しかし，ポストモダンの哲学者のジャン・フランソワ・リオタール（1924-1998）にとっては，合理性こそが人類がそこから目覚めなければならない悪夢であった。ゴヤとリオタールを隔てる二世紀の間に，私たちにモダニズムを与えてくれた合理性への畏敬の念は，合理性を信じるイデオロギーがいかに私たちを迷走させたかについてのポストモダン的反省へと変わっていった。

　『ポストモダンの条件：知識に関するレポート』で，リオタールは，啓蒙主義は進歩神話に煽られて失敗したプロジェクトにすぎないと一蹴している[10]。進歩神話とは，科学が私たちを直面するあら

図表 17　フランシスコ・デ・ゴヤの「理性の眠りは怪物を生む」（1797-1799），『ロス・カプリチョス（気まぐれ）』シリーズの 80 枚からなる銅版画の 43 番目

ゆる問題から救出してくれ，普遍的な真理と正義へと導いてくれるという信念である。ところが，彼によれば，進歩神話の不朽性は大きな物語でしかない。つまり，合理性の応用による科学的成果と専門知識によって正当化された権威というお話をみんなで信じているのにすぎないのである。このリオタールの挑戦的なアイディアによって，ポストモダニズムは脚光を浴びることになった。

　リオタールはモダニズムの中核的信念を，啓蒙のプロジェクトや進歩神話と呼んで攻撃し，さらに，合理性とそれがもたらす専門能力と進歩に対する問い直されることのない盲信は，全体主義が形を変えて忍び寄っていることを覆い隠していると主張した。全体主義とは，社会のすべてのメンバーに対して，権威があるイデオロギー的信念を制約なく押しつけられることである。彼によれば，教育，政府，企業などの制度が全体主義を覆い隠しつづけているが，そんなことができるのは，これらの制度から生み出された専門知識がそれ自体の政治的野心を覆い隠すのと同時に，特定の考え方，語り方，振る舞い方を正当化しているからである。

　例えば，組織における権力についてのこのシナリオを考えてもらいたい。経営者は，コンサルタントを雇って，自分の組織が他の組織のベストプラクティスを模倣する手助けをしてもらおうとする。彼らがこうするのは，ベストプラクティスを持ち込んだコンサルタントが業績の向上も測定してくれ，これが自分たちの昇進と権力の増大につながることがわかっているからである。また，みなさん優れた専門家ですから，とコンサルタントの手腕を認めておけば，お前たち経営者はできうる最善の仕事をしておるなと組織とその所有者は安心してくれる！

　これらすべての見返りとして，コンサルタントは経営者がコントロールする会社の財産を分け与えられる。コンサルタントが稼ぐ大金が示しているというよりはむしろ社会的に構築しているというべ

きなのが，他者にとっての彼らの専門性の価値である（これは，クライアントリストに象徴されている）。同時に，コンサルタントの専門性は，コンサルティングなるものを成り立ち続けさせているのと同じように，経営もまた専門性を必要とする専門職業だということを裏づけている。このような相互強化の見事なシステムは，すべてが合理性という権力を信じていることに基づいている。この例では，合理性というイデオロギーゆえに，科学的手法を重視するコンサルタントがベストプラクティスを実現できると信じられている。

　啓蒙のプロジェクトのこうした結果を暴いてみれば，いわゆる事実とそれに基づく知識は，ある主張を真理と見なすための単なる合意にすぎないという見解が支持される。大文字の T の真理（Truth: 真理は批判や干渉から独立した絶対的なものという考えを示している）ではなく，私たちが知ることのできるのは，あることのために作られた主張，つまり，小文字の t の真理（truth）としての主張でしかない。つまり，小文字の t の真理に関する主張は社会的に構築されたものにすぎず，何を真理と見なすかを決定する際には，権力者が最も大きな影響力を持つ。

　あることに関して作られた主張として真理を理解すれば，知識は永続するものではないということにたどり着く。遅かれ早かれ，すべての真理の主張は置き換えられる。ポストモダニストの説明では，これは権力のダイナミクスの結果である。専門家に権力が分配されることで，コミュニティがどう知識を定義するかが決まる。ところが権力の分配はダイナミックであるため，分配が変われば，何を真理と見なすかもそれに伴って変化する。

　哲学者で歴史家のミシェル・フーコー（1926-1984）の貢献は，隠されている知識と権力の関係を暴き出し，知識は権力そのものであると主張したことである[11]。アインシュタインが空間と時間の概念

を空間－時間（時空間）へと昇華させたように，フーコーは権力－知識概念を提案した。フーコーの精神病院や刑務所の歴史についての研究によれば，精神科医やソーシャルワーカーが自分たちの専門性を用いて，精神疾患や非行といったカテゴリーを確立し，このカテゴリーによって施設での治療のために人々を選別した。この治療には，多くの場合何らかの形での監禁が伴っていた。

　フーコーの主張によれば，精神疾患や非行を社会が取り組むべき問題として定義することで，精神科医やソーシャルワーカーは，権力を持った社会的地位を確立したが，それができたのは，社会をこれらの危険なもしくは社会不適合の人々から守れる能力を持っていると彼らが自称したからである。以上のことすべては，精神疾患や非行といった言葉の意味を決め，議論している公共のディスコースが気がつかれぬうちにシフトすることによって起こったのである。

　こういった問題について，大衆は常に専門家の指導を頼りにしている。アメリカの歴史教科書をめぐる最近の論争は，公共のディスコースの役割と，知識を支配しようとする闘争によっていかにそれが形成されるかを例証している。

　アメリカの出版社は，テキサス州の教育委員会を注視し，他の州と同じように，教科書がどのような内容をカバーすべきかについてのシグナルを探ろうとしている。テキサス州は，他のどの州よりも多くの教科書を購入しており（そのことが出版社に対する州の権力の源泉となっている），その上アメリカの歴史を構成すべき事柄について，カリフォルニア州のような他の大口顧客よりも統一的な見解を持っている。最近，テキサスの宗教保守派は，その政治的影響力を利用して，テキサス州教育委員会に高校の教科書に新たなアメリカ史のトピックを加えるように強く働きかけた。ここで特筆すべきトピックは，進化論に代わるものとしての創造論と，アメリカ合衆国は神

からキリスト教徒に課せられた使命として建国されたという最近大衆化したアイディア（訳注　明白な使命：マニフェスト・デスティニー）である[12]。

　歴史の教科書の内容をめぐる論争は，アメリカの公立学校についての進行中のディスコースの中で起こった。したがって，フーコーであれば，キリスト教がアメリカ合衆国の建国理念であるという主張は，1つのディスコースにすぎず，かつ高度に政治的な動きであると烙印を押したであろう。クリティカルポストモダニストであれば，アメリカ合衆国の教科書上で真実であると主張されることによって，信奉されているキリスト教の信念がこれらの教科書で学んだ市民の間で支配的になるのではないかと心配するだろう。

　年長者のイデオロギーに疑問を抱く若者の傾向を踏まえれば，この例で教科書の権力が過大評価されていることは間違いないが，それでも考え方はわかってもらえるはずである。保守，リベラル，それら以外も含め，すべての知識は，客観的な大文字の真理によって正しさを担保されているのではない。どのような知識であれ，権力者の動機を反映したディスコースの中で生きながらえている社会的構築物によって，正しいとされているのにすぎない。知識は永遠に変化に対してオープンであるが，その変化は常に政治的に屈折させられている。

　権力が知識に影響を与えるというアイディアがわかると，反対者を沈黙させるために権力が使われるというリオタールの懸念を簡単に理解することができる。彼は，反対者を沈黙させることが全体主義への分岐点と考えて，共同体が差異を保つ手続きを持たなければ，全体主義が知らぬ間に生まれてくると指摘した。非主流派の見方や考え方が沈黙させられてしまうと，新たな思考や行為の方法が存在できず，それゆえ「沈黙に声を与える（giving voice to silence）」

ことは，全体主義との闘いであるのと同じように，イノベーション
を守ることになる。

　言論の自由が全体主義を退けるという信念は，資本主義の批判者
の多くやポストモダニストの一部が民主主義を支持する理由の 1 つ
である。そして，自由で開かれたディスコ・スが民主主義のよりど
ころだからこそ，彼らはメディアの私物化を憂えている。逆に，全
体主義的傾向を覆すという共通の野望を形成する中で，ポストモダ
ニストは自らのイデオロギーだけが正しいと主張しているにすぎな
いとの批判がある。ある主張だけが正しいということがまかり通る
のであれば，フーコーが確かめてくれたように，権力－知識がはび
こることになるだろう。

　では，ポストモダニズムはどのような大きな物語を促すか？　ウォ
シャウスキー姉妹の映画『マトリックス』では，人工知能に乗っ取
られた世界が描かれている。そこでは，人間すべてを統制するコン
ピュータの動力源として，機械が人間をポッドの中で培養してい
る。人間は，自分たちが普通の生活をしていると考えているが，実
はそうではなくコンピュータプログラムのマトリックスが 20 世紀後
半の世界をシミュレートしている。そのシミュレーションの外側に
は，21 世紀の核に汚染され荒廃した地に，全く異なる世界が広がっ
ている。

　ネオというシンボリックな名前を持つ主人公は，あるカプセルを
飲むことでシミュレーションの現実から覚醒する。すべての必要に
応えているように見えるが彼らを閉じこめている偽装された世界か
ら生き残り，他の人々を救い出すために，ネオは，彼と覚醒した少
数の人間たちが機械と戦う核汚染後の現実と，核汚染前のシミュ
レーションとの間を行き来しなければならない。マトリックスに再
突入するたびに，ネオは，ここでの現実は，シミュレートされたも

のであるという知識を使って，コンピュータで生成された超人エージェントと戦う。

　続きは映画を観てもらうことにして，『マトリックス』はクリティカルポストモダニズムを，比喩的に表現している。ネオが全人類を支配するコンピュータプログラムに立ち向かうために，マトリックスを脱出したのと同様に，クリティカルポストモダニストたちは，合理性が生み出す素晴らしい未来という啓蒙主義的おとぎ話から私たちを覚醒させて，私たち自身が作り出してしまった困難な問題を直視させたいのである。自らの運命に直面して，ネオの意識が進化したように，私たちも生存するためには，進化しなければならない。ポストモダニストたちは，どうすればよいかを正確に知っていると主張しているのではなく，過去のイデオロギーを超えていくための脱出口を提供しているにすぎない。覚醒することが混沌をもたらすのであれば，それは仕方のないことである。

Chapter 5

組織化はどのように
生じるのか？

「組織」という用語は，混沌の正反対の意味で使われることがほとんどだ。組織は秩序を作り出すが，混沌は無秩序をもたらす。組織を作ることで生まれた秩序のおかげで人類は安定を享受したし，ローマ軍やローマ・カトリック教会の例が広く模倣されたおかげで，官僚制は現代社会の最も一般的な特徴の1つとなった。リーダーシップは，この時代から秩序をもたらすのに不可欠だと考えられていたが，その分身であるマネジメントは，職業としても制度としても，ずっと後になってから発展した。その発展は，18世紀後半のイギリスと当時の工業化した繊維工場にまでさかのぼることができ，どちらも啓蒙主義の産物である。

　現代と同じく当時の工場管理者の関心は，機械を導入し，仕事を標準化することによって，高い効率性を実現することにあった。彼らは，このテクノロジーを階層的な官僚主義の規則とルーチンによって補うことで，労働者をより完全にコントロールするようになった。標準化と大量生産によって財が生産され，その交換によって大きな影響力を持つ経済が築かれた。さらに，機械が必要とする反復作業によって，組織は長期間にわたってほぼ同じ状態を保つようになり，マネジメントの実践は定着し，職業として認められるようになったのである。
　長期性，安定性，反復的な仕事，そしてマネジメントの専門職業化によって，やがて生産を主とするビジネスは近代的な企業制度へと変貌していった。しかもその特徴は検証し，理解し，あらゆる目的に沿うようにデザインすることができた。工業化された国の経済領域における近代化の過程で生じた変化のほとんどは，徐々に生まれてくるニーズや利益に応えるために新しい組織を作ることによってもたらされた。
　多くの企業は，その巨大さゆえに不釣り合いな力を持ち，これを

利用して変化を求める環境の圧力から自らを守っていた。社会と結んだ契約に従って，人々の財やサービスの消費によって自らが経済的に発展する見返りとして，企業は何百万もの安定した雇用を生み出し，社会の安定に貢献した。これがうまくいったのは,競争によって物価低下の圧力が働いたからである。それゆえ，工業化された国の経済は持続的に成長し，国民は豊かになり，企業はより強力になったが，企業の所有者や経営者への権力の集中は，ますます進んでいった。

やがて大企業は自国での生産と消費をまかなう以上の規模になり，成長を維持ないし加速させられる市場を海外に求めるようになった。IBMやユニリーバのような国際企業は，当初は他の経済的に発展した国との貿易に集中していたが，まもなく工業化の遅れた国でも生産能力や市場を拡大しようとするようになった。彼らは野望を実現するために，税制面での優遇措置や，時には直接的な資金援助など，政府の支援を受けることもしばしばであった。

まもなく企業は，地域経済を発展させ，同時に利益も増加させるために，例えば，労働集約的な製造活動を人件費の安い世界の未開発地域にアウトソーシングできることに気がついた。

今日，国際企業とそのパートナーの活動によってもたらされた変化は，資本の移転から生じる複雑な依存関係のネットワークを作り，世界の経済を織りなし続けている。このように経済のグローバル化によって，世界中の文化や社会は姿を変え続けている。

さて，組織が直面する最大の挑戦の1つは，グローバル化する世界における変化の速度である。もはや経営者はどのように仕事を標準化するかを考える必要はない。今日では，むしろそれを変えるために，あるいは少なくともその変化についていくために，彼らはほとんどの時間を費やしている。

時系列的に見れば，安定から変化へと重点が移り始めたのは第二次世界大戦の終わり頃である。当時は戦争が将来についての不確実性を感じさせるようになった時代であるが，同時期にシステム理論が組織はその環境に依存しているというアイディアをもたらした。その後，一貫して変化が増していく時代が到来した。少なくとも，これはほとんどの人々が経験したことでもある。

　そして経営者が，適応を生存の鍵，戦略を組織を成功に導くメカニズム，と考えるようになったのはこの時代である。急速に変化する環境の中で，組織の戦略的「適合」を発見・維持することが重要だという認識とともに，計画的な組織変革を通じて戦略を実行する必要性が生まれた。組織とその製品・サービスは，不確実性による混沌に立ち向かうための道具となり，管理者は変化に対する従業員の恐怖心と戦った。

　組織変革が経営戦略の焦点になるにつれて，とくにロイヤル・ダッチ・シェル，ABB，GE などのグローバル企業を中心に，安定を実現する役割は，製造部門（自動車の組み立て，電子製品の製造，原油の掘削・精製など）で働く技術専門家に委譲されたり，サービス提供の改善（ビジネス・コンサルティング・システム，ファーストフードの調理，都市管理など）とともに行われるようになった。また，混沌と戦う経営の最前線が現場から重役室へと移るにつれて，組織開発（organizational development：OD）の分野が，戦略ムーブメントの周辺で生まれ戦略担当者たちの支持を受けた。

　このように，すべての変化というものは進行中であるにもかかわらず，組織化がどのように生じるのかについての初期のアイディアは，ある時点での組織の静的なスナップショットを提示したのにすぎない。この考え方では，時点ごとの比較はできても，3つ目の O である「組織化」には対応できなかったのである。組織化は連続する時間の中で起きるものであるからだ。組織化をダイナミックなプ

ロセスとして捉えるアイディアが注目されだしたのは，センスメーキング（意味形成），社会的構築，ディスコース（言説）によって継続的に生み出されているのが組織だと考えられるようになってからである。

　組織化というアイディアを理解し受け入れるには，プロセス思考が求められる。そのルーツをたどると古代ギリシャにまでさかのぼる。哲学者ヘラクレイトス（紀元前 535-475）の「同じ川に二度入ることはできない」という観察と言葉はよく知られている。プロセス哲学のような考え方は，静的な概念だった組織を，継続的に進化するプロセスという見方へと置き換える。このように考え方を変えてみれば，組織化という永遠に続く変化が，組織という静的な実在に取って代わるといえる。まずはどこで組織開発が始まるのか，さらに発展的変化というアイディアについて考えてみることにしよう。

組織の発展と変化

　生命体もそうだが，組織も時間をかけて成長していく。他の生き物と同じように，ある程度は組織がどのように発展していくのかを予測できる。例えば，組織は中核となる活動から始まり，長く存続すれば，いつかは支援，維持，適応の機能を通常この順番で構築していくことになる[1]。人間と同じように，組織はそれぞれ個別の成長と衰退という発展段階を通っていくが，ある組織のストーリーを語ることで，発展段階の展開を大まかに示してみることにしよう[2]。

　今は昔，1960 年代の後半，3 人の大学生が自分や友人たちのために手縫いの革ベルトを作り始めた。すると，すぐに友人のそのまた友人までもが彼らのベルトを注文してくれるようになった。こうして起業家となったこの 3 人組は，パーティーを開くなどの課外活動

が余裕でできるぐらいには稼げるようになった。他人のために働かなくてもいいというのは実に大きな魅力であり，もしこのビジネスがうまくいったら，卒業後に企業に就職なんてせずにすむと，彼らは考えていた。

さて，ある日の午後，地元のショッピングモールをブラブラしていた3人組は，最新のファッショントレンドであるブルージーンズを扱う店が新しくオープンしているのに気がついた。店長に話を持ちかけたところ，代金は品物が売れた後に支払う条件で，この店で彼らの作ったベルトを売ってくれることになった。このような契約だったため，最初の注文分を生産する前に，材料を買うための資金をなんとかしなければならなかったが，彼らはそれまで稼いだ分は全部使い切ってしまっていた。そこで3人組の1人が両親に少しだけ借金をし，そのお金で彼らの2人がシェアしていた家のリビングを埋め尽くさんばかりの革と染料，そしてベルトのバックルを購入した。そこには作業用のスペースなどはなく，彼らは台所でベルトを作ったのである。

ベルトは順調に売れていたが，例の契約のためになかなか収入を得られなかったので，彼らはいつも自転車操業をしているようだった。そんなわけで，パーティーどころではなくなっていたが，そもそもその頃にはもはや自由な時間もほとんどなくなっていた。とはいえ辛抱の末，資金回収が追いつき，さらには運営に必要な額を上回る資金が手元に残るようになった。

しかし，この頃には作業スペースが手狭になっていた。革の裁断，染色，カービングなどの作業の切り替えにはベルトを作るのと同じくらいの時間がかかるが，台所は1つの作業で精一杯の広さしかなかったのである。

そこで彼らは古い納屋に引っ越すことにした。これで作業スペースは増えたが，費用も増加してしまった。収支を合わせるために

は，彼らはさらに多くのベルトを作って売らなければならないことになった。幸いなことに，作れば作った分だけベルトを売ることができた。しかし，増加する費用を賄うために，彼らは生産効率を向上させる必要に迫られていた。

　より広い作業スペースを得たので，彼らは仕事のスピードを上げるための組織化の方法を考えつくにいたった。例えば，3人組の中で最も絵心のある1人にカービングを任せることで時間を大幅に短縮し，出来損ないによる無駄を省くことができた。他の2人は，革の裁断，型抜き，染色に専念した。革の作業が終わったら，誰かがバックルを取り付けてベルトを完成させ，在庫に加えられるようにしたのである。こうして完成したベルトは仕上げ台の下に置かれた箱に入れることにした。こうすれば，外出する誰かが在庫の入った箱を配達し，その足で銀行に行き，小切手を現金に変えて必要な材料や道具を買い，そしてピザとビールを手に入れて帰ってくることができる。こうして彼らの仕事に分業が生じたのである。

　さて，長い1日の仕事を終えたある日の夕方，3人組は納屋の裏でビールを飲みながらくつろいでいた。彼らの1人はいつも天文学の授業をサボっていたが，そんな彼でも夜空にオリオン座の3つ星を見つけるくらいのことはできた。

　そんなこともあり，彼らが「オリオンズ・ベルト」として商売を始めて間もなくのこと。地元にブルージーンズ専門の地方チェーン店ができ，その店の店長は競合店でベルトを買うお客が多く，自分の店ではベルトがあまり売れていないことに気がついた。そこで彼は，自分の店にもベルトを提供してもらえないかとオリオンズ・ベルトに連絡し，売上高がなんとこれまでの2倍にもなる契約内容，そして最初の注文分に見合う小切手を提示した。

　3人組はその契約にサインした。そして，ベルト作りを手伝って

くれるように数名の友人を説得して，新しい生産段階へとステップアップした。この新しい試みは実にうまくいった。みんなが好きなときに出勤して，働いた時間に応じてお金を稼ぐようになった。仕事は十分にあったが，注文をこなすのに苦労するほどではなかった。在庫には余裕があり，革やバックルを買うためだけではなく，その他のことにも使える充分な収入があったので，みんなハッピーだった。陽気に楽しく過ごすために，たるビールを常備し，天気がよいときには思い立って休暇をとったりした。3人組は，ヒッピーのように，自由で何事にも縛られることなく過ごすことができる，夢のようなビジネスを作り上げたのである。

　販売は好調で，すぐに同じチェーンの他店からも注文が入った。既存の顧客への営業活動に加え，創業者3人のうちの1人が地域にある他の店にも声をかけ始めた。この営業の際には，消費者と会話をしてどんなベルトが好きか，どんなものが欲しいかなどの市場調査をしたものであった。こうして彼は新しいベルトのデザインや，財布やバッグなどの商品のアイディアを会社に持ち帰っていたのである。どうせ車で出かけているのだから，材料のほかに，ビール，時にはピザを買ってから納屋に戻るのが筋というものだろう。しかし，まもなく彼の空いている時間のほとんどは，購買や営業にとられるようになってしまった。

　この頃には注文が急増していたため，現金の出費が増え，それまで授業を休んで生産の遅れを補って，ベルト作りをしていた2人のオーナーにも大きな負担がかかっていた。彼らの学業成績は落ちる一方で，とうとう彼らはもっと人を雇わなければならないと悟った。そこで，彼らは友人のそのまた友人や，地元のバーで出会った小遣い稼ぎをしたそうな学生たちを雇った。確実に注文に応えるために，従業員にはこちらの都合に合わせて働ける時間を事前に確保してもらい，また彼らのほとんどはよろこんで働いてくれた。

こうしてオリオンズ・ベルトはまだ週単位での生産需要にはなんとか対応していたが，誰かが病気になったり，生産量が予定に達しなかったり，質の悪いものを納品してしまったりすることがあったため，3人のオーナーは常にもうギリギリの状態に達していると感じていた。品質とスケジュールの問題が繰り返されたことで，ベルト作りを担っていた2人は，自分たちのどちらか1人が従業員を監督する正式な責任を負うべきだと確信するにいたった。が，これは厄介なことだった。責任者になったら学校を退学し，勤務時間中はずっと現場にいなければならなかったからである。彼の犠牲を埋め合わせるべく，年俸制を採用し，彼らの父親の助言もあって，3人組は弁護士を見つけ，自分たちのための共同経営の契約書を書いてもらった。

　またこの頃になると，彼らのテクノロジーに対する要求と，彼らの手縫いの革製品を求める顧客の声という環境における機会が組み合わさって，オリオンズ・ベルトの組織構造を内側からも外側からも変えていった。かつては分業もせずに，台所のテーブルを囲んでベルトを作っていた3人のグループだったものが，裁断，カービング，型抜き，染色，そしてバックルの取り付け作業へと専門分化した従業員たちのテクニカルコアへと姿を変えていたのである（**図表18.1**）。このコアを支えていたのが，原材料を調達する購買機能と，販売と製品を顧客に届ける販売機能であった（**図表18.2**）。

　管理者の仕事は，新たに分化した機能を会社が監督を通じて統合するために作られたが，この動きはさらなる分化を生み出した。この管理者の仕事は急速に拡大し，記録を残すこと，給与明細を書くこと，仕入先に代金を支払うこと，売上金を回収すること，税金を支払うことなどの維持機能までも含むようになった。加えて納屋の

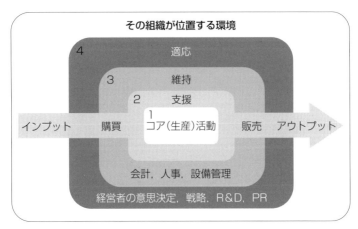

図表18　ダニエル・カッツ（1903-1998）とロバート・カーン（1918-2019）はこの組織の発展段階のモデルを提示した。（1）まず製品あるいはサービスの提供に注力するコア活動が生まれ，（2）続いて支援，（3）維持，（4）適応的機能，の順に諸活動が発達する

屋根の雨漏りを直したり，車道の穴を埋めたりと，管理者の仕事とは思えないような雑用的な仕事も管理しなければならなかった。

　間もなく，この監督を担う管理者は給与や税金の問題を自分で処理することに困難を感じるようになり，増え続ける顧客からの収入を回収することが会社のキャッシュフローを管理する上で重要になってきた。彼は経理担当者を雇うことにし，新しい方向に事業を発展させるための自由な時間を確保した（図表18.3）。顧客からはベルトとは別の手作りの革製品を求める声が多く寄せられており，財布やトートバッグを作るというアイディアで彼の頭はいっぱいだった。彼は新しい製品ラインナップの開発に時間を割きたいと考えていたが，それは戦略が生まれる最初の一歩だった（図表18.4）。しかし，彼が戦略的な行動を起こす前に，全国規模の大手小売チェーンから電話がかかってきた。

　3人の共同経営者は全国チェーン向けにベルトを生産することに

合意したが，そのためには自分たちの財務や組織を見直す必要があった。材料はもちろんのこと，保険，革を裁断するための機械などの道具，そしてより大きく安全な生産設備が必要だった。また，新しい経理担当者に加えて，今後必要となる新入社員の採用，教育，管理を行う人事担当者を置くことにも合意した。このすべての活動を監督するために管理担当の共同経営者を社長に昇格させ，ベテランの従業員が従業員身分の管理者として仕事を引き継いだ。銀行はオリオンズ・ベルトに融資したが，彼らは会社の活動を指導するためのアドバイザリー会議の設置を迫った。皮肉なことに，オリオンズ・ベルトは，創業者の3人が絶対に働きたくないと考えていたような企業になってしまったのだ！

　オリオンズ・ベルトはなんとかビジネスを継続させ，社長は最終的にはアドバイザリー会議により制定された規則を緩和し，思い立ったら休日をとることができる，かつての制度を復活させた。もう誰も仕事をしながらお酒を飲むことはできなくなったが，人畜無害な遊び方を考えた。オリオンズ・ベルトはおおよそ幸せで成功した企業だった。1970年代半ばに彼らの市場の前提が崩れるまでは。
　手縫いの革製品が人気を失い，オリオンズ・ベルトは苦戦を強いられるようになった。売上が落ちてくるにつれて，オリオンズ・ベルトはどんどん会社の規模を縮小していき，とうとう最後には何も残らなかった。社長は新しいビジネスの方向性を模索していたにもかかわらず，彼らはそれを妨げる古いビジネスに固執し，みすみす新たな機会を逃してしまっていた。彼らは市場の変化を予測できず，また会社を立て直せるようなビジネスのポジショニングチェンジもできなかった。それらを可能にする適応機能を十分に発達させることができなかったからだ。
　しかし案ずることはない。3人組がいわゆる普通の企業の仕事に

就くときが来たのだ。彼らには自分たちでビジネスを運営してきた経験があるので，よい仕事を見つけるのは簡単なことであった。

オリオンズ・ベルトのストーリーが示しているのは，コンティンジェンシー理論が示唆するのと全く同じように，組織が成熟するにつれて，技術と環境が一緒になってどのように構造を形成していくのかについてである。しかし，それと同時に，組織化の人間的な側面を感じ取ることもできる。例えば，オリオンズ・ベルトが単なるビジネスではなかったことに気づくのではないだろうか。創業者たちと従業員たちが関わった活動は，彼らの友情や仕事に対する独特の価値観に彩られた文化を生み出した。この文化は組織を作っていく（つまり組織化の）一連の行為において，一緒に働く意味を生み出した。これは，その他の人々のこの会社への関わり方にも影響を与えていた。このようにして，文化は組織を環境と結びつけ，組織の発展のあらゆる段階でそのアイデンティティを形成していたのである。

組織における文化とアイデンティティのダイナミクス

いつどこで相互作用しようとも，人々は文化や集団のアイデンティティを作り出す。これは人間のセンスメーキングの結果であるが，オリオンズ・ベルトが春の恒例行事としたプールサイドパーティーのような文物（人工物）をシンボルへと変える社会的構築のプロセスによって生じる。このようにして生まれたシンボルによって，自分よりも大きなものへの帰属意識が芽生えるのである。

▌文化と組織化

　プラグマティズム哲学のジョン・デューイ（1859-1952）によれば，物的現実が意味を持つのは，人々がそれらを創り出すことによって，それらが何を意味しているのかに気がつくからだという[3]。これらの意味は，シンボルを介して伝達できるので，将来の彼ら自身を含む他者によって色彩を増していく。つまり，人々はシンボルが生じるごとに，文化的な意味を膨らませていくことができる。例えば，会社のプールサイドパーティーの話をして，あれはおもしろかったよなと笑い合う，彼らと会社の将来の関係をより強固なものにするような共通の過去を思い出しているようなときにである。

　このように時間の経過とともに，文物に感情や意味が詰め込まれ，その周囲にシンボルになるような活動の影響が蓄積され，豊かで多様な意味の網が生み出されていく。この網をギアツは文化と呼んだ。このように，文化は，人々のアイデンティティ，経験，記憶を織り込んでいるので，人々を互いに結びつけている。また逆に，文化はデューイが述べたように，文化の物質的な部分である文物に社会的に構築された意味を吹き込んでいる。

　デューイによれば，イメージ，観察，記憶，感情などで捉えられた「内的」な経験が文物という物的な素材と相互浸透し合って，文化的なシンボルを生み出す。例えば，野生動物保護区や自然保護区のように，自然が最も原始的な状態で保存されている場合であっても，保護されていると同時に保護という文化的な介入によって意味が付与されているため，初めて足を踏み入れた人が経験したのと同じ自然であるとはもはやいえない。それにもかかわらず，この土地をそこに住まう人々の文化的記憶の一部にした先人たちの経験は，時を超えて受け継がれる文化の起源の痕跡として，シンボルが伝える意味の中に息づいている。

デューイがいうシンボルやシンボリックなコミュニケーションという意味から見れば，私たちが共有する物質世界は，文化に通底する過去との決して途切れることのないつながりとなっている。しかし，文化が古い意味を未来に伝えるものであっても，現在の私たちは自分の経験から生まれた意味を常に付加しており，さらにその新しい意味は古い意味と相互に影響を及ぼし合っている。このように過去から未来へと時間が経つうちに，シンボルに付与される意味は蓄積されるだけではなく変化していく。文化とは，転がる石が苔を生やすがごとく，時間の経過とともにその意味を付け加え，あるいは変えていくものなのである。

　例えば，フランスのボルドー地方では，崖に住処を作り，洞窟に壁画を描いていた私たちの祖先であるクロマニョン人による多くの文物を目にすることができる。クロマニョン人とその子孫が今日の私たちに残してくれたようなたくさんの遺産があったわけではないが，初期のホモ・サピエンス・サピエンスは，私たちと同等の技術を発明し，芸術を創造する能力を持っていたことが，骨，岩，石器からわかる。

　さらに，数千年後の今日でも，彼らの文化の軌跡を私たち自身の文化の中に見ることができる。というのは，私たちは自分たちの文化を過去の社会や技術，経済や政治の上に，そして彼らの居住地に人間が住み続けている場合には，彼らが残した物理的な構造物の上にも，幾層にもわたって積み重ねて築いてきたからである。私たちは，彼らの物質的な痕跡を研究し，収集し，博物館に足を運びそれらと対面することで，大切に守り続けているが，それは，ちょうど私たちが子供たちに語る先祖についての神話や伝説の中に，彼らの記憶が生き続けているのと同じである。

　このように文化をダイナミックに捉えると，知りうることや行う

ことすべてが，私たちの文化の一部になるプロセスをなしていることがわかり，文化は絶え間なく変化していくことになる。クロマニョン人に関する知識から考えてみよう。彼ら初期の人類が洞窟の壁に残した壁画は，当時の生活や考えを知る上でのわずかな手がかりを与えてくれるだけであり，新しい文物の山が発見されるたびに，私たちは彼らの歴史についての説明を変えている。このように，歴史的事実は，対象物や出来事に対する新たな解釈が生まれることによって，時間とともに変化していくし，それが起こるのは，それらが生み出されたときとは遠く隔たり，知るよしもない未来という文脈においてである。

　デューイが指摘し，ギアツがその正しさを裏づけたように，文化は物質と意味を絡み合わせ，その絶え間ない変化の中に私たちは巻き込まれている。このことについて考えるには，文学を例にするとよい。例えば2回目に読んだハムレットは，最初に読んだときに出会ったのと同じテキストではない。なぜなら，この2回目に読んだハムレットには，前に読んだときの記憶や感情が吹き込まれているからである。同じように，世界の物質すべてが，私たちがそれに対して感じる意味によって変化する。逆に，私たちの意味形成（meaning-making）も物質世界を変化させる。そして，物質世界を経験し続けているため，意味は常に流動的である。それゆえ物質世界も意味も同じように，固定的ではない。

　物事が意味すること，そして意味が物事にもたらすことは経験と浸透しあい，私たちを文化とともに形成する。このとき，古い文化的意味が新しい文化的物質に染み出し，古いシンボルが新しい意味を使って再解釈されている。このようにして，物質と意味による文化の力が組み合わさることで，前提，価値観，文物，シンボルを紡ぎ出す糸が生まれる。そしてこの糸が相互作用する人間たちによっ

て再び文化へと織り込まれていく。私たちのアイデンティティは，生きていく中で私たちが編み続ける意味の網に巻き込まれており，これもまた絶え間なく意味と文物を産み出し続けている。こう考えると，私たちのアイデンティティは，文化の産物であるのと同時に，文化を構成する物質と意味の一部をなしている。

　ここで組織のアイデンティティがどのように形成され，維持され，変化していくのかについての洞察を得るために，個人のアイデンティティのダイナミクスについて見ていくことにしよう。

▌ アイデンティティと組織化

　デューイと交流のあった研究者の1人，社会心理学者のジョージ・ハーバート・ミード（1863-1931）の理解によれば，文化という文脈と相互作用するアイデンティティが個人を自己へと形成する[4]。ミードは，幼児期に始まり生涯にわたって続く「アイ（I）」と「ミー（me）」の対話としてアイデンティティを考えることを提案した（図表19a）。

　ミードの観察によれば，他者から見た目的語の私（me）が，まず存在するようになる。これが起こるのは，ある子供が他人から自分のこと（「あなたのおはなはとってもかわいいわね。」「あなた，とても大きくなったわね!」）を聞いて，それを自分のことだ（「あたちのおはな。」「あたち大きいの。」）と認識するときである。ミードによれば，他者が自分をどう捉えているかという目的語の私（me）を認識する行為が，主語になる私（I）を生み出す。この瞬間から，「I」は「me」に応え，逆に「me」も「I」に応え，双方が生涯を通じて影響を与え合っていく。

　もちろん，あなたのアイデンティティを形成することに寄与しつつも，会話の相手は，彼ら自身のアイデンティティの形成ダイナミクスにも関わっている。私が抱くあなたのイメージがあなたのアイ

デンティティに影響を与え，それは逆にあなたが抱く私のイメージを私のアイデンティティへと反映させている。このようにアイデンティティ構築プロセスが相互に影響を与え合っていることは，組織のアイデンティティを生みだす集団のアイデンティティ対話（identity conversation）を考える上で重要な基盤となる。

　さて，個人のアイデンティティと比較すると，組織には関係しうる人々の数が多いために，組織のアイデンティティ対話は一般的には非常に複雑なものとなる[5]。それでも両者のダイナミクスは類似している（図表 19b）。組織の場合，「アス（us）」（組織にとっての

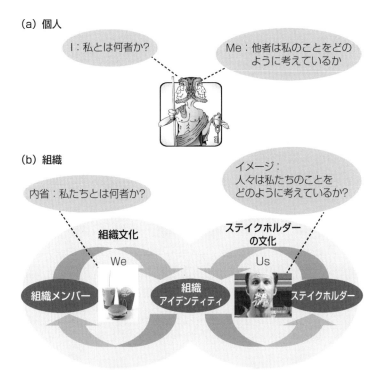

（a）個人

I：私とは何者か？　　Me：他者は私のことをどのように考えているか

（b）組織

内省：私たちとは何者か？　　イメージ：人々は私たちのことをどのように考えているか？

組織文化　　ステイクホルダーの文化

We　　Us

組織メンバー　　組織アイデンティティ　　ステイクホルダー

図表 19　a）個人と b）組織におけるアイデンティティのダイナミクス[6]

「me」）と「ウィー（we）」（組織にとっての「I」）の間で対話は交わされる。「us」，つまり「どう見られているか」はステイクホルダーとの，あるいはステイクホルダー間での絶え間ない相互作用の中で生じ，他方で「私たちはこうだ」という主体的な「we」は「us」に反応するときの組織メンバー間の相互作用から生じる。組織アイデンティティは「us」と「we」の間の会話として定義され，従業員やステイクホルダーの間に分散している。つまり，組織アイデンティティは絶えず変化し続け，多様な方向性を秘めている。

　継続的なアイデンティティ対話がもたらしうる方向性の例として，マクドナルドが，2004 年に公開されたモーガン・スパーロックによるドキュメンタリー映画『スーパーサイズ・ミー』に対してどう反応したかについて考えてみよう[7]。この映画は，1 カ月間，1 日 3 食マクドナルドで食事をするスパーロックを記録したものである。彼のスーパーサイズになった食事には，いつもどうですかと勧められる特大サイズのフライドポテトとソフトドリンクが含まれていた。撮影期間中に彼の体重は 25 ポンド（11.3kg）も増加し，ガールフレンドも医者も彼の健康への懸念を募らせていった。

　この映画の公開前に先手を打つように，マクドナルドは直営店でのスーパーサイズの提供を中止し，健康的なライフスタイルに対する自社の取り組みをステイクホルダーに信じてもらうために，一連のマーケティングキャンペーンを始めた。これらの取り組みの中には，各種サラダの商品化も含まれていた。彼らの行動は，ステイクホルダーの抱くイメージがマクドナルドの「私たちはどう見られているか」，つまり「us」に影響を与え，「私たちはこうあるべきだ」，つまり「we」からの反応を呼び起こしたことを示している。しかし，マクドナルドのアイデンティティのダイナミクスは続いており，マクドナルドと同社の世界中の肥満の脅威を減らす運動への関わり

についての議論が続く中で，さらなる変化をもたらすであろう。

　マクドナルドのアイデンティティ対話で生じた，また別の方向性には，異なるステイクホルダーが含まれている。彼らの中には，例えば愛されるブランドとして，あるいは消費者の選択する権利のシンボルとして，マクドナルドを擁護するステイクホルダーもいる。この場合，マクドナルドの「we」は，批判に応えるのと同じように，ファンにも応えている。また，同社が最初に行ったアイデンティティ・マネジメントの取り組みは，営業手法を根本的に変えずにすむようにデザインされていたかもしれないが（例えば，導入された「健康的な」メニューでさえも非常に高カロリーだと批判されている），このように外部の影響力への抵抗でさえも，「we」に何かしらの新しいものをもたらす。

　マクドナルドにおける組織アイデンティティ対話の複雑さからもわかるとおり，ステイクホルダーの抱くイメージ，あるいはそこから生じる「us」が一致すると思える理由は全くない。オシャレで新しい本社ビルは，関心を寄せる投資家（「この素晴らしい施設を手に入れるほど儲かっているに違いない」），顧客（「この豪華さは偉大なブランドを示している」），地域社会のリーダー（「何と美しい建物が地域に彩りを添えたのでしょう」）に好印象を与えるかもしれない。一方で，労働組合のリーダーたち（「この建設資金は私たちの賃金を上げるために使えたのに」）や，環境保護主義者たち（「役員の気まぐれの無駄遣いを少し減らせば，より多くの環境プロジェクトに取り組めたかもしれない」）は，無責任なことをしていると考えるかもしれない。

　一般的に，組織のアイデンティティ対話（**図表19b**）は以下のように進む。組織はブログの閲覧やツイッター（現在のX）のフォローなどを含め，メディア分析や市場調査技術を用いてステイクホルダーが抱くイメージを収集しているが，これにとどまらず，販売やサー

ビスの現場での顧客のフィードバックや組織のメンバーとのその他の相互作用もまたイメージを直接伝えてくれる。こうして，組織の「us」は，ステイクホルダーが持つ鏡に映る自分の姿を観ることによって，組織のメンバーが思ったことや考えたことを中心として形成される。そして，「us」について再考することは組織文化のみならずあらゆる下位文化に関わっており，これらの文化が「us」の提示するイメージを解釈するための文脈を与えてくれる。もし見られ方である「us」が自己認識である「we」を追認するのであれば，変化するインセンティブはない。しかし，そうでないならば，それに応じた変化が求められる。

　時が経つにつれ，対話による外部からの影響は組織アイデンティティを変えうる。なぜなら，「us」を再考することは「we」を追認することも追認しないこともあるが，いずれにせよ組織のメンバーは外部の人々に反応し，他者が対話に持ち込むものとの関係性において自分たちは何者であり，何ゆえ存在しているのかを表明することで，自分たちも変化しうるのである。組織メンバーの反応は，例えば広告のように意図的なものもあれば，マニュアルによらない偶発的なサービス提供のように意図的でないものもあるが，どちらにせよ，組織メンバーの反応によって，対話は継続していく。その過程では，ステイクホルダーに何らかの印象を残し，それによって彼らが感じていたイメージを修正したり，さらなるフィードバックの提供を促されたりして，その結果として文化が変化していく。

　ある組織のアイデンティティ対話に関わる集団は，彼らの文化的な文脈を対話に持ち込むため，組織の文化はステイクホルダーの文化と関わっているといえる。つまりお互いの文化は開かれ合っているので，組織の文化だけでなく，ステイクホルダーの文化も変化させる可能性がある。つまり，アイデンティティ・ダイナミクスは，外部からの影響に応じて文化が変化することと，それとは逆に組織

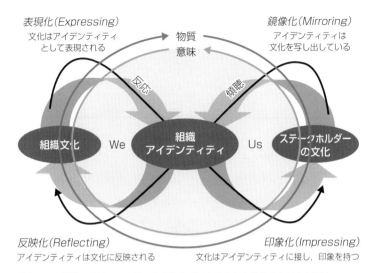

表現化(Expressing)
文化はアイデンティティ
として表現される

物質
意味

鏡像化(Mirroring)
アイデンティティは
文化を写し出している

反応

傾聴

組織文化　We　組織
アイデンティティ　Us　ステークホルダー
の文化

反映化(Reflecting)
アイデンティティは文化に反映される

印象化(Impressing)
文化はアイデンティティに接し，印象を持つ

図表 20　組織アイデンティティと文化のダイナミクスを組み合わせたモデル

の文化が，外部に及ぼす影響を明らかにしているのである。

　ここから考えられるように，エドガー・シャインの文化理論が欠いている部分，すなわち外部適応は組織のアイデンティティ・ダイナミクスによって補完できる。**図表20**は，これをモデル化するために，デューイが説明した物質と意味のプロセスをアイデンティティ・ダイナミクスモデルに組み込んだ。文化とアイデンティティのダイナミクスによって作られる相互に影響しあうシステムが，物質と意味が重なり合うことによって働くことをこの図は示している。

複雑性，創発，ネットワーキング

　システム理論によると，システムは構成要素のいずれにも還元できない全体としての性質を持ち，構成要素間の相互作用から生じる。ここまで述べてきたように，組織文化メンバーと外部のステイクホルダーの相互作用から組織アイデンティティが生まれること

は，このシステムの性質の一例である。それにとどまらず創発として知られるこの現象は，あらゆるレベルのシステムで生じる。創発について考えてみればわかることであるが，システムの構成要素をいくら分析したところで，私たちが組織化によって作り出した複雑なシステムを制御するのに適切な理解は決して得られない。複雑なシステムの振る舞いは，常に私たちを驚かせ，それゆえにリスクが生じる可能性をはらんでいる。

　社会学者のチャールズ・ペロー（1925-2019）は，1979年に起きたペンシルバニア州スリーマイル島の原子炉の部分炉心溶融のような事故を，「正常な事故」とただ事ならぬ呼び名を与えて研究し，複雑なシステムが抱えるリスクについて記した[8]。ペローが示したのは，原子炉を制御する技術システムの構成要素間に存在する相互作用によって，介入すべきときに問題の原因を推測することが不可能になる様子であった。一連の機械の故障が人間の限界と相互作用し，ほぼ大災害といって差し支えない状況を招いてしまったのである。1986年のウクライナにあるチェルノブイリ（チョルノービリ）原子力発電所では，作業員たちはより不運だった。チェルノブイリの原子炉格納容器の破裂後に発生した爆発によって放射性物質が放出され，ウクライナ，ベラルーシ，ロシアにまたがる範囲に住んでいた30万人以上が避難と移住を余儀なくされた。

　ペローのような歴史的分析は，複雑なシステムの振る舞いをふりかえって説明できても，ある複雑なシステムが起こすやもしれぬ次の衝撃を予測することはできない。例えば，BPは2010年の夏にメキシコ湾で発生した原油流出事故を収束させる上で直面することになる問題に対しては，何の備えもしていなかった。システムの複雑性と創発性の前では，人間の限界は多くのリスクを伴う。とくに，BPとハリバートンやトランスオーシャンのような複数の組織とのパートナーシップを含むグローバル化の文脈ではなおさらである。

BPのパートナーシップは，グローバルビジネスが世界中に広がっていくにつれて，コンフィギュレーション，つまり組織が構成要素とその組み合わせ方を変化させることの例でもある。また，オールドエコノミーの製造業の仕事が消滅したり，アウトソーシングされたりする変化が進行しつつあって，労働者がニューエコノミーのサービス産業や知識・情報産業に追いやられるという変化も起きている。ニューエコノミーでは，労働者と組織の関係も変化する。ニューエコノミーへの参加者のほとんどは，複数の雇用主のもとでフリーランスとして働いている。彼らは一時的なプロジェクトに参加したり，スタートアップ企業を立ち上げたりするが，そのほとんどは1，2年を超えることはなく終わる。プロジェクトや雇用主の間を行ったり来たりしながら，彼らは従来の組織との関係を，専門性と友情，ないしはその片方のネットワークに置き換えている。

他の社会システムと同様に，ソーシャルネットワークは，静的な相互連結のクモの巣状の網として図に描くことができる[9]。図表21はアクター（ノード，結節点）と呼ばれる参加者間のリンク（紐帯）を示している。アクターは個人，組織全体（別の異なるネットワークも含む），またはこれらのいくつかの組み合わせとして定義できる。情報や知識の伝達に加えて，アイディア，影響力，エネルギー，お金，製品，雇用機会，さらには文化の交換も，ネットワークが支えている。これらの資産や能力へのアクセスは分散されており，個人や組織が単独でネットワークの成果を生み出すことはなく，ネットワークそれ自体が成果の生産者であり提供者となる。

ネットワークは，アウトソーシングやサプライチェーンマネジメントの結果として，伝統的な組織から生まれることもあれば，パートナーシップやジョイントベンチャーから生まれることもある。例

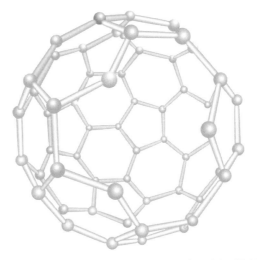

図表21　ネットワークはノードと紐帯からなる。つながりの欠如が構造的空隙を生みだす

えばベネトンは，何百もの小規模な衣料品メーカーと何千ものフランチャイズ販売店で構成されており，共通の情報・管理システムとマーケティング・財務機能をまとめて提供する本部の流通チャネルがその中心に配置されている。多くのメーカーがベネトンに参加したのは，そうしなければ，規模の小ささゆえに国際的なファッション市場に参入できなかったからであり，販売店もベネトンブランドの認知度と顧客のベネトンへのロイヤルティから利益を得ている。

　ベネトンのネットワークに参加するパートナーは，自由市場の特徴を取り入れたシステムで結ばれており，そこではパートナー間で商品の売買が行われている。この仕組みによって，供給パートナーに対して価格を引き下げさせる競争圧力が生み出されるのと同時に，垂直的な階層をそれほど必要とせずに活動を調整し，管理コストを削減している。これらの特性により，全体的なコストを削減し，ネットワークの効率性と収益性を高めることができている。し

かし，ベネトンのパートナー間の単純な経済的関係は，強者が弱者を利用することにつながる可能性もある。

　ネットワークのパートナーは，重要な資源（例えば，資本へのアクセス，ヒットする製品をデザインする能力）をコントロールすることで得られる力を利用して，その気になれば，利益配分に関する意思決定に影響を与えられる。あるいは，ネットワークが全体として製品への需要を生み出しても，最も人気のある商品のサプライヤーは他のパートナーたちがより高い価格を支払うことに同意するまで，ネットワークへ商品の提供を保留する可能性がある。このような状況では，ネットワークの一部が残りの部分を盾にとり，より大きな利益を得ることができる。オールドエコノミーでは官僚制がこのような動きに対応していただろうが，少なくともいくつかのケースではネットワーキングにおけるポリティクスは違った形で現れるように見える。

　政治的行動が生じる余地があるので，ベネトンで見られるようなネットワークパートナーは，経済的な相互依存以上の関係を発達させうる。例えば，友情，評判，共有された文化，アイデンティティ，企業ブランドなどの上に築かれた関係は，より強い協力と信頼へとつながり，相手を支配しようとする動きは少なくなる。それゆえ，ネットワーク関係を管理する上での課題の1つは，目的意識やコミュニティを共有できるような組織文化やブランドを構築し，多様性の利点を失わずにすむようにする一方で，個人の自己表現を過度に制限したり，自己利益の追求を否定したりしないようにすることである。

　結局のところ，人間行動のポリティクスに必要なのは注意深くバランスをとって，ネットワークが過度にクローズドにならないように，また同時にアイデンティティがバラバラになってしまうほど

オープンにならないようにすることである。

　もっぱら構成員同士が相互作用するタイトネットワーク（例えば派閥）は，外部からの影響に対してオープンでよりルースな結びつきを持つ大規模なネットワークとは異なる。タイトとオープンの利点はトレードオフの関係にあるようだ。突飛なことをしない人の方が信頼できるかもしれないが，イノベーションは望めないだろう。同じように，タイトネットワークのメンバーに比べて，オープンネットワークのメンバーは他者のアイディアに触れる機会が多いため，多くの新しい情報や機会，イノベーションを享受する。また，オープンネットワークのメンバーは，多様性の利点を享受しやすい。

　オープンであることは情報を拡散し，それゆえイノベーションを促進し普及させる。他方で，オープンさゆえに，クローズドなシステムと同じやり方ではネットワーク活動から利益を得にくくなる可能性がある。そのため，オープンソースのコンピュータソフトウェアが示しているように，社会的関係における競争の役割を再定義するオープンネットワークもある。しかし，革新的なビジネスモデルを生み出すこともできる。これを実際に示した例として IBM の Smarter Planet（地球を，より賢く，スマートに）イニシアチブの各種ソリューションを取り上げよう。IBM は彼らの Smarter Planet イニシアチブに基づいて，自社の製品やサービスの新たな活用を見出すために，地域社会と連携して彼らの問題を解決している。

　さて今日では，ネットワーキングはごくごく一般的になっている。これは，Facebook，LinkedIn，twitter のようなウェブサイトが提供するソーシャルメディアのプラットフォームのおかげで，人々は「今，何してるの?」から「私たちはここで何をしているところでしょうか?」まで，あらゆることについて，好きなときに好

きなだけコミュニケーションをとれるようになったからである。ソーシャルメディアは旧友同士のつながりを再構築し，発展させるだけでなく，世界中にいる新しい人々との出会いを促す。ユーザーたちが自分のプロフィールや考え方へのアクセスを制限すると，ネットワークはクローズドな方向に進む。逆に継続的に新しいつながりを作ると，自分や他者の情報を循環させながら，ネットワークをオープンにしていくことになる。

　参加している電子ネットワークを通じて，誰もがそれを介して有用だと思われる情報を瞬時に発信することができる。ネットワーク間のリンクを通じて情報が一度に多方向に高速で伝わる現象が，疫学的なメタファーを用いて「バイラル（ウイルスのように広まる）」と表現される。マーケティングを見れば，ソーシャルネットワークがもたらす組織の変化がわかる。マーケターはソーシャルメディアの使用を増やし，消費者が参加するネットワークへのアクセスを得て，高価でターゲットを絞りにくい広告活動からの脱却を図っている。しかし，アクセスは双方向的であり，ソーシャルメディアはステイクホルダーが組織に関与し，影響を与える機会を増やしている。

　ネットワークは情報の共有を促進するが，それは自分が知っていることを独占せずに他者と共有する人々にステータスが与えられるからである。ネットワークの持つこのような特徴は，典型的な階層的関係とは異なるパワーのダイナミクスを生み出す。ネットワークのアクターの影響力は，パワーを配分する権限が与えられた階層上の地位を持つことではなく，中心となるノードのポジションを占有することに基づく。影響力のネットワークにおける中心性は，他者を結びつけ，情報を取得し，ソーシャルキャピタルを活用する能力をもたらすが，これらすべてがパワーにつながる。また，階層的関係と異なって，ネットワークでは特定のノードの力が急激にシフト

することがある。1つのノードがブロックされたり活動的でなかったりする場合，他のノード同士がつながることで新しい流れが生まれる。

あるノードが隣のノードに簡単に置き換えられるということは，階層組織の公式の権限に基づくパワーが弱まるということでもある。ネットワークでは，すべてとはいわないまでも，垂直方向のコミュニケーションとコントロールの関係のほとんどが，水平方向の関係で置き換えられる。

パートナーシップがあるべき姿となることで，ネットワークでの生活を成り立たせるものは，他の形態の組織化よりも民主的なものに見えるけれども，それが民主主義だ，というのは，ネットワークがメンバーの参加を要求しているという意味でしかない。この参加の要求は，他の組織形態と同様に抑圧的になる可能性がある。それどころか，常に接続していなければならないというプレッシャーが個人にかかるため，その抑圧は今まで以上になりうる。とにかく，どのような形態の組織を作ろうとも，民主主義を保証するものではない。他のあらゆる人の集まりの帰結と同様に，民主主義は組織化がどう用いられるかにかかっている。

ここまで論じてきたところでは，実体としての組織や個別具体的な組織ではなく組織化のプロセスに焦点を合わせることは，組織化の活動を行う文脈において，アクターが何をしているのかを明らかにすることを意味していた。しかしどのように組織化が生じるかについての最新の考え方の中には，行為する主体（アクター）に対してではなく，行為（アクション）のみに，より具体的には相互行為（インタラクション）に注目するものがいくつかある。例えば組織研究者のバルバラ・チャルニャフスカ（1948-）が提唱したアイディアは，アクターネットワークとは対照的なアクション・ネットである[(10)]。

アクション・ネットは，行為と行為の結果生まれた物事（目的，関係，言葉，意味）を織り交ぜて，移り変わるパターンを形成するが，これは，組織と呼べるほど長く1つの形を保つことができない。組織は完全に消滅しないとしても，ぼんやりとした不安定で不定型なものにとどまる。

とはいえ，その他のニューエコノミーの発展につれて，ネットワークが出現・成長し，それゆえ公式組織が消滅するという考えに抵抗を感じている人は数多い。ネットワークについていろいろ論じてみたものの，企業は今ほど大きくなったことも，権力を持っていたこともない。さらに，ソーシャルネットワークのメンバーといえども，直接会う方法を探すことも多く，ネットワーキングがより静的な組織に取って代わるには限界があるように思われる。

また，ネットワーキングという考え方の新しさに疑問を投げかける人々もいる。結局のところ，噂話を耳にしたり，誰かが噂を広めたりすることから考えると，ネットワークはずっと昔から存在していたといえる。固定的な組織よりもネットワークの方が私たちの当面のニーズや願望を満たしてくれる時代になっているのかもしれないが，常にそうだとは限らない。振り子はまだ秩序と安定に戻る可能性があり，組織は実体として描くのが有用であるという見解が再確認されるかもしれない。

Chapter 6

私たちはどこへ
向かうのか？

組織は近い将来，企業という殻だけを残して，ほとんどすべての活動をアウトソーシングするだろうと予測する専門家もいる。欧米の製造業組織の生産活動はすでにアウトソーシングされ，残された経営者が管理者を監督し，管理者はコンサルタントを管理し，コンサルタントが残っている仕事を一時雇用で行う労働者を雇っている。コンサルタントについていえば，グローバルにサービスを提供する組織の一員であるが，この組織は，専用のイントラネットサーバーを介して活動している科学者やエンジニア，その他の知識労働者によるネットワークによって支えられている。

　これらのビジネスモデルが，クラウドソーシングやハッキング，その他の創発的な活動を通じてプラットフォームへと変貌を遂げつつあることは想像に難くない。このプラットフォームは，あたかも工業化以前の職人たちのように，プロジェクトごとに契約して報酬が支払われる無数のフリーランスワーカーの仕事を組織化する。

　フリーランスワーカーたちがプロジェクトを見つけ，成果を提出し，報酬を受け取るのは，すべてインターネットにつながったコンピュータにモニタリングされた電子機器によってである。その結果，ネットワークは 24 時間 365 日地球上のどこからでも利用可能であり，いつかは地球外へと広がるかもしれない。これらの変化が定着すると，従来のオールドエコノミーにおける組織は，背後に追いやられるか，完全に消滅するだろう。

　しかし，ある組織が消滅すると別の組織が出現する。例えば，新しいタイプの労働組合は，フリーランスワーカーに健康保険やその他の福利厚生を団体価格で提供したり，姿を現しつつあるニューエコノミーによく見られる労働環境の孤立や疎外，分裂などによって生じた社会的ニーズを満たすための職業集団のようなものを組織したりする。同時に，グローバルビジネスの制度的環境では，様々なアクターたちが大企業をコントロールする必要性を認めて組織化し

ている。彼らは主にNGOを結成したり，または，地球環境の保護，貧困の根絶，人権闘争などに取り組む国際的な社会運動に参加したりする。一部では，ニューエコノミーの中で，つぎはぎ状のミスマッチをきたしている労働生活の諸条件が，制度的環境と一緒になって，組織の崩壊というよりは新しい組織を再形成するといわれている。

次に何が起きるのか，それは憶測の域を出ない。アイディアの中には未熟なものもあるし，最も未熟なものの中にはSFや形而上学に由来するものもある。この最終章では，組織化がどこに向かうのか，そして私たちが組織とともにどのように進化するのかについての全く異なるいくつかの推論の糸をたどるべく，オールドエコノミーとニューエコノミーの考え方を対比させてみよう。

NGO，社会運動，常に変化し続けることとしての組織化

NGOや社会運動の出現とともに興味深くもわかってきたことだが，参加者すべてが組織を作り，いとなみ，そして組織と関わり合う。人間というものを全体として捉えてみればわかることだが，人々は，自分の欲望を持ちつつも，従業員やステイクホルダーとして関わっている組織だけではなく社会への関心も持っている。社会的関心を表現したいと望む個人は，仕事においても組織を特権集団の経済的・技術的利益を実現する単なる道具とは正反対の社会や人類に奉仕する存在へと押し戻そうとする。これは，工業社会（オールド・エコノミー）からポスト工業社会（ニュー・エコノミー）への，人によっては待ち望んでいた移行の結果である。

私は4枚の絵を描いて，ポスト工業社会の出現に伴って生じる，実体としての組織や個別具体的な組織，そして組織化の果たす役割

が移行する様子を表してみたことがある。図表22は，この移行において，製造業，大学，政府機関といった伝統的な組織を定義していた境界線が，エネルギーやアクション，影響力，文化，資本を協働企業（joint enterprise）に提供する人々の活動や関心の周りに引かれ直す様子を描いている。

　図表22のパネル1の三角形は，オールドエコノミーにおいて従来の製品やサービスの生産活動を行っている実体としての組織を表している。小さな灰色のブロブ（点）は，様々なステイクホルダーである。その一部は，三角形の内側に描かれ，組織に直接的なアクセス権を有していることがわかる。つまり，これらのブロブで示されているのは，所有者，経営者，従業員，そして組織の活動によって直接恩恵を受ける顧客である。一方，三角形の外側に位置するステイクホルダーは，例えば，組織の環境や社会への影響，組織倫理などの他の成果を期待している。

　パネル2では，より多くのステイクホルダーの関心が，様々な職能によって組織内部で考慮されるようになっている。顧客のためのマーケティング機能，従業員のための人的資源（HR）機能，資本市場に対する財務機能，メディアとコミュニティとの関係などを扱う広報機能などである。時間が経つにつれて，組織のインサイダーとアウトサイダーの間に築かれた関係は，アウトサイダーに組織へのアクセス権を与えて，彼らを壁の内側に招き入れて，組織の従業員との共創に主体的に参画させるようになる。これが今日生じているのは，例えばLEGOグループのような組織である。この組織は，新商品の開発や新規従業員の教育を，自ら製品デザイナーとなったり従業員の教育に力を貸そうとしたりするLEGOユーザーの助けを借りて行っている。

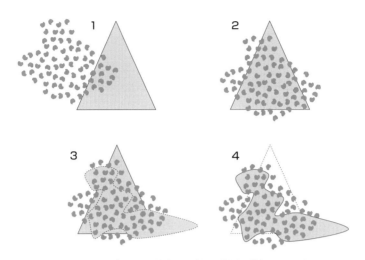

図表 22　工業社会からポスト工業社会への移行に伴う組織境界の再設定
1)　従来の組織
2)　これまで以上のステイクホルダーが組織の資源へのアクセス権を得つつある従来の組織
3)　従来の組織のある範囲が従業員や他のステイクホルダーによってシェアされた関心事を中心として再組織化されている
4)　従来の組織が背景に溶け込んでいく一方で，これらの再編が 1 つ以上の新しいがおそらくは一時的な組織へと固まっていく

　図表 22 のパネル 1 とパネル 2 を比較すると，より多くのブロブが組織に侵入していることがわかる。一時的に，パネル 2 の組織の目的は混乱するかもしれない。関与を求めることや共創の魅力によって引き寄せられた，非常に多くの利害が競合する影響を受けるかもしれない。また，これらのステイクホルダーの目から見た正当性を追求しなければならない，ということと一緒になって生じる影響も受けるかもしれない。もし企業の利益関心が勝れば，組織は，ニューエコノミーへと適応させようとするプレッシャーに耐えて，パネル 1 に示された状態に戻ってしまうだろう。そうでなければ，パネル 3 に示されているシナリオが展開されるであろう。

　パネル 3 の段階では，ステイクホルダーは，組織内部の仕事や資源にさらに大きくアクセスするようになるため，従業員と他のアク

ターを区別することが困難になる。そうなると，すべての参加者は，組織の内部と外部の両方にとって利益になるように行動するようになる。例えば，ある場合には，倫理が重要な関心事となり，ただうまくやること（例えば，利益を上げること）よりも，よいことをすること（すなわち，社会貢献すること）にフォーカスを当てた新しいビジネスモデルを生み出すことになる。ステイクホルダーが共通の関心のために従業員と協力し，企業の資源と能力（例えば，マンパワーを提供することや経営管理すること）を用いて，共通の関心を支援する活動にともに関わるようになると，新しい境界がパネル3のトライアングルの内側と周辺に出現する。

IBM のコーポレート・サービス・コー（CSC）がその一例である[1]。IBM コーポレート・サービス・コーのボランティアは，「地球を，より賢く，スマートに（Smarter Planet イニシアティブ）」というコーポレート・ビジョンのために，6カ月間から12カ月間，彼らが奉仕を誓った貧しい地域に住む。そこで彼らは，地元の人々と共同でプロジェクトを立ち上げて，コミュニティの最も切迫した問題を解決するために IBM が提供している技術やサービスを応用する。

批判的に見れば，これは，IBM が市場を拡大するための試みとしか思えないかもしれないが，コミュニティのメンバーにとっては，この巨大企業の優れた資源や能力を活用する機会である。IBM にとっては，ボランティアが「スマータープラネット」を創るという壮大な夢のために働いてくれているという点で，これはビジネスモデルのイノベーションを生み出す1つの手段である。図表22のパネル3は，インサイダーとアウトサイダーが力を合わせたときに，IBM のような組織の境界がシフトし始め，そのアイデンティティを再形成している様子を示している。

もし，IBM コーポレート・サービス・コーによって促進されてい

るプロジェクトのように，社会とビジネスの連携が制度化されたとすれば，もう一段階のシフトが起こるだろう。パネル4では，連携するステイクホルダーの関心の周りに引かれた太線で描かれつつも有機体的な形をした境界線が，組織化のもたらした新しい形態を表している。一方でそれを生み出した古い形態のいまや点線で描かれるようになった境界線は，消滅する可能性を示している。そしてもちろん，**図表22**のすべてのパネルによって描かれた変化は，いま現在も，そして今後も，グローバル経済全体に波及する。さらに，この変化は地球全体で同時発生し互いに混じり合って，これまで以上の複雑さと創発の状況を創り出している。

　組織化が創発的な性質を生み続けるならば，制度化の可能性はますます低くなるだろう。**図表22**のパネル4で示されている新しい境界は，ある形にとどまることを知らず，パネル3の中央の有機体的な形として描かれた組織化が，パネル4の公式組織の消えゆく境界とともに，いたるところで見られるようになるであろう。このシナリオでは，一時的な組織（というよりは，組織化といった方が適切だが）が，ネットワークから創発し，再びネットワークに溶け込み，その境界線も明確ではなくなってしまう。もっともオールドエコノミーにおける少数の組織は境界線にこだわり続け，ニューエコノミーのフリーランスワーカーにはヤドカリの殻として使われるかもしれない。

　ただし，このような変化が起こりつつあっても，一緒に働く人々の文化，アイデンティティ，ないしはパワーダイナミクスがなくなってしまうということではない。以上のことは，ただ，組織化の一時的な性質が，構造に代表される私たちの静態的な組織認識を流動的な見方で置き換えるであろう，といっているのにすぎない。

文化，スピリチュアリティ，多次元物理学

　かつてカール・マルクスは，資本主義の発展のある段階で，現代の政治，文化，芸術，宗教と哲学といった上部構造は，技術主導の生産という経済下部構造から解放されるだろうと予言した[2]。「あらゆる常識が煙となって消える（'all that is solid melts into air'）」というような予言は，彼が最初に資本主義を批判したときよりもソビエト式の共産主義が崩壊した今，真実味がある[3]。

　彼が想像していたよりもはるかに時間がかかったが，今日，バーチャル組織，ネットワーキング，クラウドソーシング，ハッキング，その他様々な現象が現れてグローバル化する経済を再形成する時代となった。そこで，経済と文化，宗教，芸術，政治，哲学の間の関係性がどのように変化するのか，マルクスのアイディアを再評価する必要があるかもしれない。そこで文化とスピリチュアリティについて考えてみることにしたい。

　組織化は，実体としての組織や個別具体的な組織を伴う場合もそうでない場合もあるが，すでにそうであるようにインターネット空間には存在し続けるであろう。同時に，文化のプロセスがサイバー空間に入り込み，やがて，そこでも文化が存在するようになる。これは，多くのウェブ上のコミュニティにおけるメンバーシップの一部として，規範や期待が形成されているのを見れば理解できるだろう。

　例えば，ウェブ上のコミュニティの1つであるリンデン・ラボのセカンド・ライフの住人は，彼らが設定し操るアバターを通じて交流する。セカンド・ライフの住人は，バーチャル世界の活動ルールを守ることを求められるだけではなく，現実世界の法律にも従わな

ければならない（例えば，攻撃的な振る舞いや言葉遣い，ギャンブル，著作権侵害の禁止など）。あるいは，電子百科事典「Wikipedia」への書き込みや編集をする人々によって作られ守られる厳格なルールを考えてみよう。このようなバーチャルに組織化された場所にも，文化が生まれ機能していることは明らかである。

　だがサイバー空間は，実際のところ純粋にシンボルの機能だけで成り立っている。文化は，そのシンボリックな性格が，ニューエコノミーで生まれつつある特徴と整合的であるので，オールドエコノミーの時代よりもさらに強力な力を持つ可能性がある。

　ちょっと考えてみればわかるように，今日，市場は製品やサービスの機能性と同じぐらいかあるいはそれ以上に，ブランドを重視して企業を評価しているし，ブランドのファン層は，消費者グループを超えて世界的なバーチャルコミュニティへと成長しつつある。あるいは，政治資金の寄附においてインターネットが果たす新たな役割について考えてみよう。小口寄付者の力を結集することで民主主義の新たな道を創れるようになりつつある。はたまた，フリーランスワーカーとファンをウェブサイトに惹きつけ，将来にわたって関与させ，また彼らが必要とする資源を集めるものは何なのだろうか。それは，食べていける，ということなのだろうか。それとも，何か意味あることや楽しいことのできる暮らしが成り立つ，ということなのだろうか。

　今のところ，ネットワークは，文化がネットワークの内側ないしは周辺で発展するよりも速いスピードで文化を置き換えているが，今後もそうなる保障はない。人々がニューエコノミーの諸条件に適応するにつれて，人々の行動は，彼らの組織化によって起こる創発的なプロセスに連動して文化を創り出すであろう。そもそも文化は，人間のあらゆる接触によって生み出される。そして，文化は，相互作用の人，場所，理由によって，例えば，企業，フリーランス

ワーカーの組合，街頭集会，デモ，フラッシュモブのように異なる形をとる。このように文化は，生き残るためにはオールドエコノミーの組織という静態的構造を必要としないかもしれない。それどころかおそらく，創造性とイノベーションを制限してきた，従うべき制度的圧力から解放され，新たに見出された自由において，大きく羽ばたくのであろう。

　考慮すべき可能性の1つとして，進行中の変化のすべてが認識の中または意識の対象として起こっている。それゆえ，ずっとそこにありながらも直接見ることのできなかったパワー，文化，アイデンティティのダイナミックな力に対して，私たちは，より敏感になっているのかもしれない。システム理論は，社会組織が私たちにとって特別な存在であることを暗示している。なぜなら，人は社会組織を出現させる重要な構成要素だからである。私たちは，これらのシステムに参加することで，組織の出現（すなわち組織化）をインサイダーとして見ることができるが，逆に，システム全体（すなわち実体としての社会組織）を概観することはできなくなる。私たちの理解能力は非常に限られているので，コントロールする気にもなれないのが，未来の組織である。
　これに関して，相対性理論，量子力学，弦（ひも）理論から発展した新しい物理学は，多次元空間という考え方を示しているが，この考え方は，組織化を文化的経験として読み解く興味深い方法となる[4]。多次元空間とは，3より大きい次元を持つあらゆる空間であり，タテ，ヨコ，奥行きの3次元に時間を加えた4次元の時空間に始まる。これらの4つを超える追加の次元は推測の域を出ないが，イギリスの教育者エドウィン・アボット・アボット（1838-1926）は，二次元の世界で暮らす正方形を主人公とした彼の小説『フラットランド：たくさんの次元のものがたり』の中で耳を傾けたくなる話を

している[(5)]。この小説の中に出てくる n 次元の住人にとって，n ＋ 1 次元とは自分では見えない自分の内側のことである。社会組織のシステムのレベルの話にすれば，内部に存在する見えない次元とは，おそらく私たち自身が自分たちの文化として知っていることであろう。

　アインシュタインの相対性理論の１つに，時空間のゆがみの原理がある。これは，重力が光を曲げるといった，後に科学的実験で証明された現象の説明である。この発見が人間にとって意味することを説明する一般的な方法の１つが，もし私たちが４次元の球によってできる曲がった空間のはるか先を見渡すことができるのであれば，私たちは自分の頭の後ろを見ることになる，というものである。この説明は，物事の見え方や私たちが知っている（と思っている）ことを規定している，世界の中での立ち位置を考える上で，どんな意味があるのだろうか。私たちは頭の後ろ側の方を見たり，背後に何があるのかを理解したりすることができるのだろうか。

　比喩的にいえば，自分たちが歩いてきた道を振り返ることは，文化を把握し，そのシンボルとしての機能や社会構造，センスメーキングのプロセスを理解するようになる際に，多かれ少なかれしていることである。振り返って自分の視界に肩が見えているとき，私たちはそれぞれ独自の主観的な立ち位置に縛られているということを思い出さずにはいられない。たとえ他者と共有しているより大きな現実を見ているといっても，彼らもまた全体の中における彼ら独自の立ち位置に縛られているのである。このように立ち位置が独自であることゆえに，文化に参加したり調査したりするために必要となる間主観性が生じるが，私たちは，他の文化のメンバーと関わりを持たない限り間主観性は経験できないのである。間主観性は私たちが集合的意識の中に存在する時空間を超えた５次元を探索するための出発点となるかもしれない。

新しい物理学と3つのOについてのダイナミックな思考方法を組み合わせてみれば，私たちが常に過去と向き合いながら，現在という瞬間の中で未来を創造しているという発想が湧く。文化は現時点の生活に過去の痕跡を差し挟むことによって，私たちの伝統を表している。これは，時空間自体がゆがむというよりは，タイムトラベルという発想を引き起こすようなアイディアである。ある物理学者たちによれば，5次元空間の表面にしわを寄せて近接させた2つの時点をジャンプすることによって，タイムトラベルが実現する。文化的間主観性は，個々人の意識にしわを作って，私たちを個々人の限られた理解から文化の他のメンバーや文化全体への共感へと飛躍させることができるのだろうか。

　先人たちの物語を共有したり，彼らが遺した文物を鑑賞したりするときに見られるように，文化によって，私たちは自分たちのルーツとシンボリックな結びつきを感じうるので，こういった間主観的経験の積み重ねによって，私たちは5次元空間を形成したり，それにアクセスしたりできるようになるのではないか。この5次元空間が輪郭を持てば，文化的伝統が作られるのだろうし，また逆に，文化的伝統によって5次元空間の輪郭は作られていくのではないか。

　夢や宗教的経験と同様に，物語が私たちを通常の意識の限界を超えた世界へと誘ってくれることを示しているのが文学である。ダライ・ラマのような，複数のスピリチュアルリーダーが，スピリチュアリティが開く領域と多次元空間についての新しい物理学が探求しつつある考え方の間に著しい類似性があることを指摘している[6]。クロマニヨン人が残した考古学上の記録を見る限り，文化と宗教の起源は同じである。今やそれら2つをともに活かして，未来に立ち向かうべきときがきたように思える。

組織化のアートとクラフト
—デザイン美学とジャズ—

多次元空間としての文化を考えていると湧いてくる好奇心は，他者と自分の関心，意図，活動を調整するときに，人はどのように意識（ものの見方）を拡大するのか，という疑問へと向かう。社会組織が出現するプロセスに関与するとき，人々の思考，感情，美的感覚には何が起こるのだろうか。これらの変化は，間主観性にどのような影響を及ぼすのか，そして，そのことによって人間の組織化はどのように変化するのだろうか。

心理学では，共感とは，他人の感情の状態に入り込み，文字どおり彼らが感じていることを感じ取ることを示している。組織全体に対する共感であれば，一個人ではなく人間集団または社会全体の集合的経験と共鳴することが必要となるであろう。それは，あらゆる時代の卓越した芸術家が身につけていると思われる能力であり，たぶんそれゆえ，私たちは優れた芸術の中に私たち自身を見，また，それらの価値を認めうるのである。デザイナーもまた，社会的共感を養い，非常に多くの潜在的ユーザーに対してアピールする新製品やサービス，ないしはブランド体験を創出する。

アートとデザインを実践する中で培われた社会的共感によって，私たちの文化的文脈を規定している豊潤で機微に富む意味のネットワークを，私たちが口に出さずとも理解している様子を説明できないだろうか。文化およびアイデンティティのダイナミクスをこのように考えると，これらは共感が働いていることとして理解できるかもしれない。この共感の対象は，別の誰かではなく，意味形成，イナクトメント，社会的構築のプロセスを共有して，目的を達成するための活動を間主観的に組織化している2人以上の人の経験，とい

うことになる。情報だけにとどまらず，美的に，そして感情的に意味の共構築に参加することによって，人は自らを文化の理解という広い世界へと解き放ちうる。これは，芸術家やデザイナーが彼らの作品のインスピレーションを得るのと同じことである。

　私が考えるところでは，組織よりも組織化の方が，アート（芸術）に近い存在である。なぜなら，制度はあまりにも硬直的すぎるので，最高の芸術的実践が世に問う革命的変化を支持できないからである。だからこそ，多くの芸術家はあらゆる形態の社会的期待に迎合せず，美術館や芸術界隈の既成勢力との接点を持つ前に，自身の最高傑作を世に問うことが多い。

　それはともかく，物事を秩序立てて組み合わせること，つまり組織化は芸術家が芸術を生み出す際にしなければならないことである。それは，ビジュアルアートでの素材の組み立て，ダンスにおける動作，音楽における演奏行為，ないしは，演劇におけるそれら3つの組み合わせ，どれにおいてもいえることである。これらの芸術の例が示唆するように，組織化とは，パフォーミング，つまり演じるという行為なのである。

　経営者と組織研究者は，パフォーマンスに他のどのテーマよりも注意を払ってきた。伝統的に，組織のパフォーマンスは，生産量，売上高，利益，投資収益率（ROI）などという成果として定義されてきた。しかし，ダンス，音楽，演劇などの舞台芸術家たちは，パフォーマンスに全く異なる定義を与えており，この言葉は，感情，感覚，思考ないしはアイディアを表現するための行為を意味している。私たちが組織のパフォーマンスをこれらの芸術家にならって再定義したらどうなるだろうか？

　組織のメンバーが，製品をデザインし生産することの原点，すなわちクラフトマンシップというアートの応用に戻ったとして考えて

みよう。ギリシャ語の「テクネ（techne）」は，現代語のテクニカルとテクノロジー（technical and technology）の語源であるが，古代ギリシャでは，現代の意味とは異なり芸術家のスキルを指す言葉として使われていた。もちろん，古代ギリシャの芸術家から現代に至るまで，「テクネ」の意味は，中世の熟練職人，工業化以前の手工業者，そして工業化時代のエンジニアやデザイナーによって形を変えてきた。

今日では，科学が近代以降エンジニアリングと製造に対して応用されてきたことによって，レオナルド・ダ・ヴィンチ（1452-1519）の作品群を頂点とする，古代から続いてきたテクノロジーとアートとの間の結びつきは影が薄くなってしまった。現代のテクノロジーは，その客観的な特徴のほとんど，つまり，工具，設備，機械，そして仕事の手順と同じだと見なされている。しかし，応用的な，またその他のアートを見れば，テクノロジーが過去とつながっていることが，テクネの痕跡を残している組織文化の中に見えてくる。

別の言い方をすれば，ポスト工業化のニューエコノミーの中で生じている変化は，過去を再び身近なものにする可能性がある。例えば，2000年代初頭に展開された日産自動車のブランドスローガン「SHIFT_」はこの会社についての見方を「シフト」するように呼びかけていたが，日産内部でも，「シフト」が行われた[7]。つまり，テクノロジーを純粋に工業的なものだとして理解することによって失われてしまった，アートとクラフトマンシップの復権である。例えば，製品開発チームにマーケティングの専門家が加わることで，車のデザインに新しいアプローチが生まれた。マーケティング専門家が参画した結果の1つが，日産の日本の企業としての伝統を世界中でシンボルとして表す，すべての車のデザインに曲線美を描く古風で書道的なラインである。このラインが企業の過去と未来の来たるべき世界を巧妙に結びつけ，まばゆい輝きを放つ新しいディーラー

のショールームの1つに足を運んだときに，また新しいスタイルの日産車を運転したときに，その未来の世界へと誘うのである。

　さて，組織化が持つアート的性格を理解する上で私が好むメタファーの1つが，ジャズである[8]。ジャズでは，即興演奏だけではなく，演奏者が他の音楽と同様に複雑で幾重にも重なる組織化のスキルを駆使しながら音楽を創り出している。あらゆるミュージシャンにもいえることだが，ジャズを演奏するミュージシャンも，楽器の演奏技術だけではなく，多様な音楽言語に通じ，バンドの演奏者を1つにまとめる方法を学ぶ必要がある。

　ジャズバンドは，一夜限りの演奏（ライブ）のために組織化されることが多い。仕事のオファーがあると，ライブに出るプレーヤーは，想定される聴衆，バンドに必要な奏者の数，楽器の構成，地元のミュージシャンをブッキングできるかなどを考慮して，声をかける仲間を決める。例えば，聴き手がジャズファンなのか，踊りたい人たちなのか，会話の邪魔にならないムード音楽を奏でて欲しいだけなのか，また，バンド構成はデュオなのかトリオなのか，カルテットなのかクインテットなのか，ビッグバンドなのかジャズオーケストラなのか，さらに，ベース，ドラム，キーボード，トランペット，サックス，ボーカリストといった「それぞれの独自のトーン」をどう束ねるかなど，考えることはたくさんある。

　演奏のためのグループが決まると，ミュージシャンらは，ステージ上でギクシャクせず，聴き手を魅了するような一連のメロディを紡いでいく際に，お互いにやりとり（調整）する必要が出てくるが，うまくいけばグループ独自の音楽が生み出される。ここで，ジャズ・ミュージシャンらは，メロディに関して最低限の基本的なルールに基づいて演奏するので，奏でるメロディを，事前に決めておく必要はないのである。ミュージシャンたちは，「ヘッド」と呼ばれる

最小限の構成があれば，後は即興でメロディを演奏することができる。

　彼らは，演奏がうまくいっているときは，一瞬一瞬の相手のプレイに耳を傾け呼応し合っている。こうしたすばらしいジャズ演奏では，ライブの前や最中に必要なすべての組織化がなされているため，ジャズという音楽自体が，日々急速な変化に直面している組織の手本となる。さらに，即興は，組織化の流動的で創発的な特性が活かせる余地をもたらし，その場限りの一時的な形態に参加する人々に満足感をもたらし，価値を与える。

　そもそも，啓蒙時代以前には，ほとんどすべての音楽が即興演奏だった。そして，ジャズは，最も新しい即興音楽のジャンルだが，別のジャンルの音楽の中でも自由な即興演奏を取り入れる動きが見られる。こうした動きが明示しているのは，私たち人間が，時間の経過とともに前進していくときには，常に過去に回帰しており，未来を築いていく際には，少なくともクロマニヨン人までたどれる歴史の糸をたぐり寄せているということなのだろうか。

　組織の未来を，過去にうまくいったことに回帰すると見るか，それとも新しい領域に踏み込んでいくと見るかはともかくとして，人類は，組織化し続けないと生き残れないと考えて間違いないだろう。変化があまりにも速すぎて，組織化プロセスが，予測可能なルーティンとして二度と定着しないのであれば，人類は日々活動を調整するための新しい方法を見出し，地球や他の惑星が与えてくれる資源の活用方法についての合意を得なければならなくなるだろう。その際，不確実性に直面したり，権力と闘ったりするので，常に文化に埋め込まれた信念を活用して，目標の設定と達成に必要な調整を即興的に行うにちがいない。

　さて，読者のみなさんは，ここまで本書を読んできたことで，組

織についての様々な異なる考え方や語り方を知ることができたはずである。あなた自身の未来，そして全人類の未来の組織化に関わるときに有用な何かを本書のアイディアの中から見つけてくれることを願っている。もし，本書で触れた人物や考え方の背景についてもっと知りたければ，どうかこのまま読み進めてほしい。補遺では，組織論という分野について，また組織論の研究者が本書で紹介した知識を生み出すために参照してきた様々な基礎理論について紹介している。そうした組織論が発達してきた背景を理解すれば，組織に対する理解が深まり，今後も続いていく組織と組織化の研究に誘われることとなるだろう。

組織論の研究者は，なぜ意見を異にするのか：ポリティクスと哲学

組織論とは様々なものが入り交じった学問である。おそらく，社会における組織は人間の複雑さや知性を超えたレベルで出現するため，組織論の研究者は，組織や組織化の問いに対する答えを他の学問分野に求めるようになった。本書で触れてきた考え方は，組織論に加えて，経済学，工学，社会学，心理学，人類学，文学，哲学，芸術に由来している。組織論の持つ学際的な性格は，多くの見解の相違をもたらすが，「3つのO」を説明するために本書で取り上げた様々な考え方の中に，その一端を感じられたに違いない。補遺では，組織や組織化といったテーマがなぜこれほどまでに多くの論争を引き起こすのか，その理由のいくつかを説明する。

客観主義　対　解釈主義

　存在論は，存在するとは何を意味するのかを哲学的に考察する立場である。存在論は存在についての前提を明らかにするので，何が存在するといえるのかを決定する。例えば，五感で知覚できるものだけが存在すると信じる人もいれば，名詞が指し示すものならみな存在すると主張する人もいる。一方，知識の理論である認識論が取り組んでいるものは，真理，信念，正当化の問題である。つまり「知識とは何か」，これやあれが存在するのを「どうやって知るのか」といった問いに答えようとしている。

　組織をめぐる最初期の争点の1つは，存在論と認識論のどちらを優先するかによって生じた。通常，存在論を起点とする客観主義者は，物事は，個々人から独立した（つまり客観的な）観察を通じて検証できる限りにおいて存在すると考えている。「独立した」というのは，各人がみな，ある対象に対して同じ関係にあり，同じように観察しているということである。そうした観察には，個人的な見解や，それらが埋め込まれた文脈のバイアスがかかってはならない。筋金

入りの客観主義者にとって，主観的な理解とは個人的な偏見のことであり，それは，世界の真理を明らかにするために取り除かれねばならないものなのである。

　主観主義者は，存在論的な前提よりも認識論的な前提に重きを置いており，客観主義者による，客観主義者のために作られた方法では知りえない多くの現象があると考えている。こうした現象に含まれるのは思考や感情の他に，組織化といった社会プロセスであり，これらは五感だけで知覚するのは不可能ではないにせよ困難であり，まさに，客観主義者が退けようとする主観性が必要となってくる。とくに（文化などの）社会現象は，間主観的に経験したり，コミュニケーションしたりする能力がなければ，捉えられないだろう。さらに，主観的な現象は，誰がそうした現象を経験しているのか，どういった条件の下で受けとめられているのか（例えば，機嫌がよかったり悪かったり，自分がどのような文化的コンテクストに置かれているのか）によって異なる経験が作り出される。したがって，私たちがどのように知るのか（つまり認識論）が，何を知ることができるかに影響を与え，存在するものについての私たちの存在論的な前提が形作られていくのである。

　認識論的には，解釈主義とは，知識は解釈の問題であるという考えを指す。解釈主義者は，社会・文化的な生活において何が意味のあるものなのか，そして，意味がどのように作られ共有されるようになるのかを重視する。解釈主義の立場をとる研究者は，人々が自らの経験を整理するために付与し，用いた意味について分析する。そうした研究者は通常，自分たちの解釈を他人に押しつけないように気をつけているが，同時に，他人の経験を完全に理解するのが不可能であることを認識している。

　現実が客観的に存在しているものだと考える人にとっては，中立

的な立場で妥当性が検証され，信頼性を確認できる観察結果に合致しないアイディアを排除することで，現実についての実証された知識を獲得できる。しかし，客観的であるための条件を満たすのに求められる妥当性と信頼性の要件は，現象を主観的に探求する場合には適用できない。というのも，解釈主義者は2人の主観的な経験が同一のものになるとは考えていないからである。

　主観主義者の認識論的立場からすると，客観的といえる領域を超えて存在するはずのものを研究するのであれば，客観主義者が定めた科学的方法という制度化されたルールを受け入れられなくなる。主観主義者が科学のルールを再定義しようと努力したことで，実証主義者たちも自身の立場を再考するようになった。

　実証主義は古代ギリシャで始まったが，社会学の創始者の1人である哲学者オーギュスト・コント（1798-1857）が実証主義を用いて形而上学を科学的方法に置き換えるまで，その評判は上下した。コントは，世界の観察に基づく科学を推進し，理論は，それが説明する現象を経験的事実に基づき検証できる限りにおいて有益だと考えた。

　マルクス，ウェーバーと並んで，エミール・デュルケーム（1858-1917）は，実証主義をフランスの自殺者について収集した統計データに適用することで，社会科学の確立に貢献した[1]。デュルケームは，データを用いて，社会的文脈と個人の自殺行為との関係を説明しようとした。数理解析を強く打ち出した彼の主張は，その想定外の調査結果と相まって，発展途上にあった社会科学領域の多くの研究者たちを触発し，実証主義的認識論が取り入れられるようになり，ついに組織研究もその仲間入りをしたのである。そのため，今日でも実証主義は，その原型を生み出した物理科学と同様，社会科学の分野においても優勢なのである。

とはいえ，最近はほとんどの実証主義者が，観察からすべてのバイアスを取り除くことは不可能であり，社会科学者が研究している問題に対する唯一の正しい解など見つからないことを認めている[(2)]。このことは，実証主義に基づく科学だけが受容されるという見方を相対化し，知識を生み出す上で，解釈主義や他の認識論的基盤への扉を開いた。しかしそれと同時に，実証主義者が，主観主義者との認識論的立場の違いはそれほど大きくないと主張するようになり，一部の人々はそれを論拠に解釈的な研究結果を信用せず，無視し続けるようになった。大半の解釈主義者にいわせれば，立場の違いに寛容な実証主義者の主張ですら，依然として実証主義という制度，主に主流派の科学の制度が支配的なのである。

　存在論的前提と認識論的立場の論争を超えて，彼らが定義する現象をどのように研究するかについて，いくつかの選択肢がある。こうした方法論の選択は，研究者としての身の処し方や何をデータに含めるかについて，さらなる意見の相違をもたらすこととなる。

　一例を挙げれば，実証主義者は，財務記録，組織個体群の推移や（従業員や顧客調査といった）組織の構成員あるいはステイクホルダーに関する大規模サンプル調査から得られた数字などの「ハード」データを好んで用いる。一方，解釈主義者は，非構造化インタビュー，あるいは，組織のメンバーやステイクホルダーが意思決定，チームワーク，ネットワーク作りなどのプロセスに携わる際の参与観察から得られる「ソフト」データを好むのである。

　古くから，存在論には客観主義的存在論と実証主義的認識論，主観主義的の存在論と解釈主義的認識論といった組み合わせが存在しているが，これにこだわる必要はない。これらを組み替えて，別の立場を提示しているものがある。批判的実在論がそれで，客観主義的存在論と解釈主義的認識論の組み合わせである。批判的実在論者は，私たちが知ることすべては主観の影響を受けているが，このこ

とが現実が客観的であることを否定することにはならないと考えている。彼らが実証研究を行う際にはいつも、主観の影響を認めて解釈を考慮に入れるべきだと考えるが、客観的に存在する（と彼らが信じている）ものを研究対象にすることを妨げるものではないのである。

批判的実在論者が、客観主義的存在論と解釈主義的認識論の組み合わせをとる一方で、存在論や認識論といった領域の外に全く異なる代替案を作りだしてきた人々もいる。ポスト構造主義者がそれで、彼らは、言葉の意味は相対的なものであり、常に移り変わっていくものなので、いかなる哲学を構築する上でも確固たる基盤は存在しないと考えている。ポストモダニズムは、この（確固たる基盤は存在しないという）反基礎づけ主義的な立場（anti-foundational position）を借りて、ポスト構造主義と、とくに文学理論や審美的な哲学を含む芸術と人文科学の洞察を組み合わせている。もっとも、ポストモダニストの中には「ポストモダン」という言葉が最初に登場した建築やデザインに立脚する人もいる。

ポストモダンの（言語論的）転回

ポストモダニストは、世界は、言語に映し出されるものではなく、言語によって作り出されるという立場をとっている。世界とその中にあるすべてのものは、ディスコースの中で生じる言語によって構成され、現実化される。「I am（私は〜です）」で始まる文の主語の位置にある「I（私）」が、存在について語ることが現実を構成するのと同様に、私の存在を構成するのである。現実やアイデンティティというものは言語によって作られたもの以外はありえないのである。というのも、言語が、私たちと私たちを取り巻くものに存在を与えてくれるからである。こうした考え方は、これまでの存在論的前提や認識論的立場を反故にし、哲学を永続的な基盤のないままにする

という意味で，反基礎づけ主義的なものである。ポストモダンの存在論では，物事が生み出されるのは，私たちがそれについて話したり書いたりするときである。すなわち，物事は，テクストやディスコースの中にのみ，言語論的に存在するということなのである。

　ポストモダニズムは，言葉が物事を表すということを否定しており，どう語るかが我々の現実の経験を構成していると見なす。マルティン・ハイデガーの言葉を借りれば，それは「世界は目の前に現れるように作られる」ということである。こうした現実を説明するための言語論への転回は，ハイデガーが，プラトン以降の哲学者が存在を実在するものと見なすことで，私たちを混乱させてきたと非難したことから始まった[3]。ハイデガーによれば，混乱の原因は，こうした哲学者たちが物事とその特性だけに私たちの注意を向けさせ，物事にこだわる理由，すなわち，私たちが物事についてどう語るかを考えてこなかったことにある。ハイデガーは，存在が実体として現れることを可能にしているものは何か，を知りたいと考え，それは言語であり，話したり，書いたり，読んだりすることから生み出されるディスコースであると結論づけた。それゆえ，私たちが物事を言語論的に構築する方法は，物事を物事たらしめることになるのである。

　ポストモダニストは，言語論的転回に端を発する以下の考えを共有している[4]。第一に，私たちが関わるディスコースが，どんな言葉を用いるか，何を語るか（例えば，語るべきは組織なのか組織化なのか）に影響を与えることで，私たちの現実を形作っていること。第二に，話し手も，話された内容も，話し言葉も，そのすべてが言語の中で，言語を通じて構成されること。第三に，意味は固定されたものではありえず，現実もまた同様で，常に流動的であり，ディスコースの中や異なるディスコースとの間で変わったり，発話されるたびに変化したりする余地があること。最後に，知識を検証するた

めの独立した現実は存在しないので，すべては，絶え間ない変化の中で解釈され，実行されるテクストであること，なのである。

　権力とコミュニケーションは，ポストモダニズムに触発されたクリティカルな（批判的な）立場をとる研究者の中心的なテーマである(5)。というのも，ディスコースを制する者が，あるものを存在させたり，消したりすることができるからである。例えば，多発性硬化症（MS）や注意欠陥多動性障害（ADHD）といった身体上の不調は，ディスコース（すなわち，医療行為のディスコース）の中でその存在が語られ，認知されるまでは，治療の対象にならなかったのである。権力関係が，いたるところで見られるのは，制度上正当化された専門知識が尊ばれていたり，ある人のコミュニケーション能力が別の人よりも優れていたりするからである。例えば，抑圧や弾圧は，権力の不均衡がもたらすコミュニケーションの歪みなのであり，その背景には現実を生み出しているものへの無知がある。こうした社会の病理から自由になるには，言語とディスコースがどのように現実を生み出しているのかを認識するしかないのである。

　言語がどのようにして現実を構築しているのかを見るために，第1章で取り上げた機械，有機体，文化，そして精神の監獄のメタファーに立ち返ってみよう。どのメタファーをとるかによって，組織と組織化についての理解が異なってくる。メタファーの活用は，比喩的な言葉を巧みに使うことだけにとどまらない。それは，組織や組織化についての様々な考え方を生み出し，それらを正当化しながら，私たちを構成していく言語なのである。

　機械のメタファーを採用するとき，1つの実体から構成される組織に直面する。それは，合理性，効率性，有効性によって突き動かされる意思決定，行動，技術選択の仕組みであり，それらすべては，一定の目標や目的に関連して定義されている。そして，機械という言葉や機械を設計・操作するエンジニアについての認識が，組

織を設計したり制御したりするイメージを私たちの頭に植えつけており，「設計」，「制御」，機械や組織を「動かす」エンジニアないしはマネジャーを想起するような語彙をもたらすのである。

　対照的に生命システムとしての有機体のメタファーは，組織というものを1つの「システム」と見なし，それは「資源」を提供することで「生存」を可能にしたり「競争」を促したりする「環境」の一部である複数の「サブシステム」からなっていると考える。あるいは，文化という言葉を使うことで，自らの「意味」や「センスメーキング」と「社会的構築」のプロセスによって形作られる組織を表現できる。組織を文化として考える「シンボリックな秩序」または「意味の網の目」と呼ばれるものは，「階層」，「技術的必然性」，「環境の影響」によって生み出される「合理的秩序」とはかなり対照的なものなのである。

　ポストモダニズムのメタファーを取り入れることで，言語のすべての営みがそれ自体の内側へと及んでいく。結果，言語は私たちに物事に対する想像力だけではなく，「私」，「あなた」，「私たち」といった存在をも与えてくれる。まさに，私たちの発する言葉が，言語を通じて構築される世界に，私たちを書き込んだり，書き換えたりしてくれる。それと同時に，私たちがそうした言葉を選んだ場合の逃げ道も示唆してくれるのだ。

　ポストモダニストは，ディスコースに参加することで力を合わせる（連帯する）という選択肢を私たちに提供している。言語効果を意識しながら，「内省的に」そうすることで，自己概念（自己イメージ）の中だけでも，変化をもたらしてくれる。もし組織化のプロセスが劣化していると感じたら，懸念を表明し，それによって遺憾に思っている言説的現実を変えていくのは，私たち次第なのである。例えば，精神の監獄のメタファーを持ち出して組織を批判することで，私たちをそうした現実から解放してくれるのだ。

プロセスで考える

　プロセス哲学は，変化というものを，代わりとなる基礎的前提として受け入れる考え方で，不変の哲学的基盤を追求することを放棄するほど，反基礎づけ主義的なものではない。ポストモダニズムと同様に，啓蒙主義以降の思想を支配してきた本質主義の立場に立つ哲学とは対照的であるが，ソクラテスやプラトンが打ち出したものと異なる考え方へと進むことで，枝分かれしていった。

　ソクラテスやプラトンにとって，すべてのものは本質を持っていたので，周囲にどういった変化が起こっても，アイデンティティの連続性が保たれていた。例えば，歳をとっても，人生を取り巻く状況が変化しても，自分は自分であることに変わりはないのである。こうした考え方は，組織を実体として捉える見方を支持している。反対に，組織化をプロセスとして捉える見方が，現実とは変化であるという信念から生じている。組織変革は，長い間，マネジャーの関心事であり続けたが，組織論者がプロセス哲学に，より多くの注意を向けるようになったのは，組織という実体よりも組織化のプロセスが選好されるようになったからである[6]。

　プロセス哲学は，存在すること（例えば，すでに存在するもの［実体］を調べること）とは対照的に，変化（例えば，イナクトメント［創発］や社会的構築の生成に焦点を当てること）に重点を置いており，人々が自己組織化していく際に何をしているかに基づいて組織化を定義している。通常の静的な定義では，組織は客観的に観察して比較できる特性を持っていると想定されているが，プロセス哲学の動的な観点では，組織は常に一瞬前とは別ものになるため，組織を定義するのは不可能だと想定されている。

　そのため，組織化に関心を寄せる人が果たすべき役割は，組織化

が生じるプロセスに関与し，対象となる組織が内側からはどう見えるかを明らかにすることである。まさに，研究対象である組織化のダイナミックなプロセスの外側にいる人を納得させるには，説明するよりもやってみる方が効果的なのである。組織化という実体を目の当たりにすることで，その存在を確認したり，その意義を体験したりするには，組織化のプロセスに参加しなくてはならないのである。やってみることは遂行的な行為であり，それは描写や説明ではなく，実際に行うことであり，さらには，他人と一緒に行う中で，そうした行為と意義の両方に対する感謝の気持ちの一端を相手に伝えると同時に，共同作業の意味や評価の一部も伝わるのである。

　私が以前から気に入っている「プロセスは，死んでしまった制度と生きている文化の違いを示している」という話で締めくくろう。前者の「死んでしまった制度」は，完成した作品や実在している組織のことを示している。一方，後者の「生きている文化」は，組織化を文化の生成として捉え，私たちを集団の変化プロセスに関わるよう働きかけるが，それと同時に私たち1人1人の変化が集団の変化プロセスにも影響を与えている。まさに，組織化ということを考えると，組織を実体として捉えることは困難であるし，私たちを組織化から分かつこともまた不可能なのだ。ウィリアム・バトラー・イエイツ（1865-1939）が，その辺りをうまく詠んだ詩がある[7]。

　おぉ，大きく根を張り花開いた栗の木よ，
　お前は葉なのか花なのか幹なのか。
　おぉ，響きにそよぐ木の幹よ，おぉ，華美なきらめきよ，
　舞う者と舞いをどうして区別できようか。

　私たちは組織化によって作り出され，組織化するために作られているのだ。

注

Chapter 1

(1) 本書で述べたアイディアは，Hatch and Cunliff（2006）の私の担当部分による。同書では，本書で読むことになるほぼすべてのトピックについて，より高度な議論と背景についてさらに知ることができる。

M. J. Hatch and A. Cunliff (2006) *Organization Theory: Modern, Symbolic and Postmodern Perspectives*, 2nd edn., Oxford University Press, 2006［大月博司・日野健太・山口善昭訳『Hatch 組織論』同文舘出版，2017（第 3 版の邦訳）］

(2) T. Bestor, *Tsukiji:The Fish Market at the Center of the World* (Berkeley, CA:University of California Press, 2004)［和波雅子・福岡伸一訳『築地』木楽舎，2007］

(3) 資本主義の発展についての名著としてウェーバーとマルクスの 2 冊がある。

M. Weber, *The Protestant Ethic and 'The Spirit of Capitalism'*, tr. P. Baehr and G. C. Wells (London: PenguinBooks, 2002)［大塚久雄訳『プロテスタンティズムと資本主義の精神』岩波書店, 1988（他訳書あり）］

K. Marx, *Capital: A Critique of Political Econom*y (1867; in German as *Das Kapital*, ed. F. Engels and S. L. Levitsky; tr. B. Fowkes, London: Penguin Classics, 1990).［日本共産党中央委員会付属社会科学研究所訳『新版　資本論』新日本出版社，2021（他訳書あり）］

(4) ステイクホルダー理論の嚆矢は以下。

R. E. Freeman, *Strategic Management: A Stakeholder Approach* (Boston, MA: Pitman, 1984).

(5) 組織のメタファーに関する優れた参考文献である Morgan（1997）は，機械，有機体，文化，精神の監獄の他に，脳，複雑性（流動と変化），および支配の道具を提示している。本書では支配のメタファーは精神

167

の監獄と一緒に述べ，複雑性については第 5 章で取り上げた。

G. Morgan, *Images of Organization* (1986; 2nd edn., Thousand Oaks, CA: Sage, 1997).

(6) F. Taylor, *Principles of Scientific Management* (New York: Harper and Brothers, 1911).［有賀 裕子訳『新訳 科学的管理法：マネジメントの原点』ダイヤモンド社，2009（他訳書あり。1932 年には，本書の版元である同文舘からもテイラー全集が発行されている。)］

(7) 一般システム理論は通常，ベルタランフィの次の論文に遡ることができるとされる。

L. von Bertalanffy's 'An Outline of General Systems Theory', *British Journal for the Philosophy of Science,* 1，2 (1950): 134-65.

(8) K. Boulding, 'General Systems Theory: The Skeleton of a Science', *Management Science*, 2, 3 (April 1956): 197-208．http://www.panarchy.org/boulding/systems.1956.html（2010 年 11 月 11 日）

(9) C. Geertz, *The Interpretation of Culture* (New York: Basic Books, 1973).［吉田禎吾・柳川啓一・中牧弘允・板橋作美訳『文化の解釈学Ⅰ・Ⅱ』岩波書店，1987］

Chapter 2

(1) M. Weber, *Economy and Society: An Outline of Interpretive Sociology* (1956; G. Roth and C. Wittich (eds.), Berkeley, CA: University of California Press, 1978), pp.975-987［濱嶋朗訳『権力と支配』講談社，2012。pp.255-282 に該当箇所がある（他訳書あり)］

(2) Plato, *The Republic* (360 BC; London: PenguinClassics, 1955), p. 103［藤沢令夫『国家』(上・下) 岩波書店，1979（他訳書あり)］

(3) A. Smith, *An Inquiry into the Nature and Causes of the Wealth of Nations* (1776; http://socserv.socsci.mcmaster.ca/oldecon/ugcm/3ll3/smith/wealth/index.html, 2010 年 11 月 11 日)［山岡洋一訳『国富論：国の豊かさの本質と原因についての研究』(上・下) 日本経済新聞出版，2007 年（他訳書あり)]］

また以下の 2 冊も参照。

D. Hume on the 'partition of employments' in *A Treatise of Human*

Nature（1739; http://socserv2.socsci.mcmaster.ca/~econ/ ugcm/3ll3/hume/treat.html, 2010年11月11日)［石川徹・中釜浩一・伊勢俊彦訳『人間本性論（1・2・3）』法政大学出版局，2019（他訳書あり)］

É. Durkheim, *On the Division of Labor in Society* (French, as *De la Division du Travail social*, 1893; tr. W. D. Halls, Free Press, 1984).［田原音和訳『社会分業論』筑摩書房，2017（他訳書あり)］

（4）H. D. Thoreau, *Walden; Or, Life in the Woods* (Boston, MA: Ticknorand Fields, 1854).［飯田実訳『ウォールデン：森の生活（上・下)』小学館，2004（他訳書あり)］

（5）R. W. Emerson, 'The American Scholar'（1837年に行われたハーバード大学のフラタニティ「ファイ・ベータ・カパ」例会でのスピーチ）http://www.emersoncentral.com/amscholar.htm, 2010年11月11日．［斎藤光訳『エマソン選集第1巻：自然について』日本教文社，1960に「アメリカの学者」として収録（他訳書あり）。ハッチは本文との結び付きを示していないが，この講演では人間や社会を全体として見ることの意義が説かれている。］

（6）［「凍てつく暗黒の極夜」の出典は以下］

P. Lassman (ed.), *Weber: Political Writings* (Cambridge, UK: Cambridge Texts in the History of Political Thought, 1994), p. xvi.

（7）J. Bentham, 'Panopticon' (http://cartome.org/panopticon2.htm, 2010年11月11日).

（8）M. Heidegger, 'The Question Concerning Technology', in W. Lovitt's *The Question Concerning Technology and Other Essays* (New York: Harper Torchbooks, 1977), pp. 3-35.［当該論文 'Die Frage nach der Technik' は関口浩訳『技術への問い』平凡社ライブラリー，2013に収録（他訳書あり)］

（9）［J. D. Thompson (1967) *Organizations in Action.* New York: McGraw-Hill. 大月博司・廣田俊郎訳『行為する組織：組織と管理の理論についての社会科学的基盤』同文舘出版，2012］

（10）J. Woodward, *Industrial Organization: Theory and Practice* (1965; New

York: Oxford University Press, 1981).

(11) P. Lawrence and J. Lorsch, *Organization and Environment: Managing Differentiation and Integration* (Cambridge, MA: Harvard University Press, 1967). [吉田博訳『組織の条件適応理論：コンティンジェンシー・セオリー』産業能率短期大学出版部，1977]

Chapter 3

(1) H. Garfinkel, *Studies in Ethnomethodology: Expanded and Updated Edition* (1967; Polity Press; Englewood Cliffs, NJ: Prentice-Hall, 2010). [山田富秋，好井裕明，山崎敬一編訳，『エスノメソドロジー：社会学的思考の解体』，東京，せりか書房，1987]

(2) P. Berger and T. Luckmann, *The Social Construction of Reality* (Garden City, NY: Anchor Books, 1966), p. 65. [山口節郎訳『新版　現実の社会的構成.：知識社会学論考』新曜社，2003（他訳書あり）]

(3) W. I. Thomas and D. S. Thomas, *The Child in America: Behavior Problems and Programs* (New York: Knopf, 1928).

(4) K. Weick, *The Social Psychology of Organizing,* 2nd.edn. (New York: Addison-Wesley, 1979), p.243 [遠田雄志訳『組織化の社会心理学』文眞堂，1997]

K. Weick, *Sensemaking in Organizations* (Thousand Oaks, CA: Sage, 1995) pp.30-31 [遠田雄志・西本直人訳『センスメーキングインオーガニゼーション』文眞堂，2001]

(5) 制度理論を組織に適用した重要な論文として以下の2つがある。

J. Meyer and B. Rowan, 'Institutionalized Organizations: Formal Structure as Myth and Ceremony', *American Journal of Sociology, 83* (1977): 440-63.

L. Zucker, 'The Role of Institutionalization in Cultural Persistence', *American Sociological Review*, 42 (1977): 726-43.

(6) 経営者は合理的に見えるのに過ぎない，ということについては以下。

J. Pfeffer, 'Management as Symbolic Action: The Creation and Maintenance of Organizational Paradigms', in L. L. Cummings and B. M. Staw (eds.), *Research in Organizational Behavior*, 3

(Greenwich, CT: JAI Press, 1981): 1-52.

(7) 神の見えざる手については以下。

A. Smith, *An Inquiry into the Nature and Causes of the Wealth of Nations* (1776) ［邦訳については既出］

(8) 市場と官僚制については以下。

O. Williamson, *Markets and Hierarchies: Analysis and Antitrust Implications* (New York: Free Press, 1975) ［岩崎晃・浅沼萬里訳『市場と企業組織』日本評論社，1980］

W. Ouchi, 'Markets, Bureaucracies, and Clans', *Administrative Science Quarterly,* 25 (1980): 129-41.

(9) 組織と社会運動については以下。

H. Rao, C. Morrill, and M. N. Zald, 'Power Plays: How Social Movements and Collective Action Create New Organizational Forms', in B. M. Staw and R. I. Sutton (eds.), *Research in Organizational Behavior*, 22 (Greenwich, CT: JAI Press, 2000): 239-82.

(10) C. Geertz, *The Interpretation of Culture* (New York: Basic Books, 1973), p. 5. ［邦訳については既出］

(11) E. Schein, *Organizational Culture and Leadership* (San Francisco, CA: Jossey-Bass, 1985), p. 6. ［浜田幸雄・清水紀彦訳『組織文化とリーダーシップ：リーダーは文化をどう変革するか』ダイヤモンド社，1989］

なお，シャインにもっとも影響を与えたのは，人類学者クルックホーンとストロットベックの以下の著作である。

F. R. Kluckhohn and F. L. Strodtbeck, *Variations in Value Orientations* (New York: HarperCollins, 1961).

(12) P. Gagliardi, 'The Creation and Change of Organizational Cultures: A Conceptual Framework', *Organization Studies,* 7 (1986): 117-34.

(13) J. Martin and C. Siehl, 'Organizational Culture and Counterculture: An Uneasy Symbiosis', *Organizational Dynamics,* 12 (2): 52-64.

(14) J. Van Maanen and S. Barley, 'Occupational Communities: Culture and Control in Organizations', in B. M. Staw and L. L.

Cummings (eds.), *Research in Organizational Behavior,* 6 (Greenich, CT: JAI Press, 1984): 287-366.

Chapter 4

(1) カールマルクスについて初学者向けの一冊として，以下を挙げておく。この本を読めば，関心に応じてさらに学ぶための多くの資料が見つけられるはずである。

P. Singer, *Marx: A Very Short Introduction* (Oxford: Oxford University Press, 2000).

(2)「A の B に対する影響力」という権力（パワー）の定義を提示したのは以下。

R. A. Dahl, 'The Concept of Power', *Behavioral Scientist,* 2 (1957): 202-15.

(3) 個人の権力についてさらに知るためには以下。

J. French and B. Raven, 'The Bases of Social Power', in D. Cartwright (ed.), *Studies in Social Power* (Ann Arbor, MI: University of Michigan Press, 1959).［千輪浩監訳『社会的勢力』誠信書房 1962］

(4) 下位の組織メンバーの権力については以下。

David Mechanic, 'Sources of Power of Lower Participants in Complex Organizations', *Administrative Science Quarterly,* 7 (3) (1962): 349-64.

(5) 制約された合理性と満足化，さらにその他の意思決定の多くの面については以下。

H. Simon, *Administrative Behavior: A Study of Decision-Making Processes in Administrative Organizations* (1947; 4th edn., New York: The Free Press, 1997)［高尾義明・西脇暢子・高柳美香・二村敏子・桑田耕太郎訳『新版 経営行動：経営組織における意思決定過程の研究』ダイヤモンド社，2009.（他訳書あり）］

H. Simon, 'Rationality as a Process and Product of Thought', *American Economic Review,* 68 (1978): 1-16.

(6) 意思決定の連合体モデルについては，以下。

J. March, 'The Business Firm as a Political Coalition', *Journal of Politics,* 24 (4) (1962): 662-78.

（7） J. Pfeffer and G. R. Salancik, *The External Control of Organizations: A Resource Dependence Perspective* (Stanford, CA: Stanford University Press, 1978).

（8） さらに不平等について知りたければ以下。

J. Acker, *Doing Comparable Worth: Gender, Class and Pay Equity* (Philadelphia: Temple University Press, 1991).

ジェンダー化された組織というアイディアについては，以下のアッカーの担当章。

M. M. Ferree and P. Y. Martin, *Feminist Organizations: Harvest of the New Women's Movement* (Philadelphia, PA: Temple University Press, 1995), pp. 137-44.

（9） P. Bourdieu, 'The Kabyle House or the World Reversed', in P. Bourdieu, *Algeria 1960: The Disenchantment of the World, the Sense of Honor, the Kabyle House or the World Reversed* (Studies in Modern Capitalism, Cambridge, UK: Cambridge University Press, 1979). ［原山哲訳『資本主義のハビトゥス』藤原書店，1993 には未収録］

（10） J.-F. Lyotard, *The Postmodern Condition: A Report on Knowledge*, tr. G. Bennington and B. Massumi (Minneapolis, MN: University of Minnesota Press, 1979). ［小林康夫訳『ポスト・モダンの条件. 知・社会・言語ゲーム』書肆風の薔薇，1986］

大文字のT，小文字のt真理の主張についてさらに知りたければ以下。

J.-F. Lyotard, *The Differend: Phrases in Dispute,* tr. G. Van den Abeele (Minneapolis, MN: University of Minnesota Press, 1983). ［陸井四郎・小野泰男・外山和子・森田亜紀訳『文の構想』法政大学出版局，1989］

（11） 規律訓練権力を定義し，監獄，精神病者のための施設，病院，学校の分析によって例示したのは，フーコーの以下の著作。

M. Foucault, *Discipline and Punish: The Birth of the Prison* (1975, in French as *Surveiller et punir: Naissance de la Prison*; tr. A.

Sheridan, New York: Vintage, 1980)［田村俶訳『監獄の誕生．: 監視と処罰』新潮社, 1977］

(12) R. Shorto, 'How Christian Were the Founders?', *New York Times Magazine* (11 February 2010). 全文は以下を参照 http://www.nytimes.com/2010/02/14/magazine/14texbooks-t.html, 2010 年 11 月 11 日。

Chapter 5

(1) 組織の成長と変化に関するモデルはいくつか存在する。この章で示したモデルは以下に基づく。

D. Katz and R. L. Kahn, *The Social Psychology of Organizations* (New York: Wiley, 1966).

また別の広く知られるグレイナーの発展モデルについては

L. Greiner, 'Evolution and Revolution as Organizations Grow', *Harvard Business Review*, 50 (1972): 37-46.［藤田昭雄訳「新たな発展への座標軸—企業成長の'フシ'をどう乗り切るか」『Diamond ハーバード・ビジネス』8 (3) (1983):47-57］

(2) オリオンズベルトの事例は, 何年も前に私の古い友人であるこの会社の共同創業者の一人から聞いた話に基づく。思い出すに当たって不正確な箇所も多く含まれているはずだし, この出来事一つ一つを関係者にあたって確認するつもりもない。この事例の目的は, ケースを詳述することではなくカッツとカーンの組織の発展モデルのステージを例をもって示すことにある。

(3) J. Dewey, *Art as Experience* (1934; New York: Perigee, Putnam's Sons, 1980).［栗田修訳『経験としての芸術』晃洋書房, 2010 (他訳書あり)］

(4)［G. H. Mead, *Mind, Self, and Society: From the Standpoint of a Social Behaviorist* (Chicago: University of Chicago Press, 1934). 稲葉三千男・滝沢正樹・中野収訳『精神・自我・社会』青木書店, 1973 (他訳書あり)］

(5) 文化とアイデンティティのダイナミクスモデルのオリジナルは, 以下。

M. J. Hatch, 'The Dynamics of Organizational Culture', *Academy of*

Management Review, 18 (1993): 657-93, および, M. J. Hatch and M. Schultz, 'The Dynamics of Organizational Identity', *Human Relations,* 55 (2002): 989-1018.

両者を組み合わせたモデルは以下。

M. J. Hatch, 'Material and Meaning in the Dynamics of Organizational Culture and Identity with Implications for the Leadership of Organizational Change', in N. Ashkanasy, C. Wilderom, and M. Peterson (eds.), *The Handbook of Organizational Culture and Climate,* 2nd edn. (London: Sage, 2010): 341-58.

(6) M. J. Hatch and M. Schultz, *Taking Brand Initiative: How Corporations Can Align Strategy, Culture and Identity through Corporate Branding* (San Francisco, CA: Wiley/Jossey-Bass, 2008).

(7) マクドナルドの例は,同社の元従業員との個人的なコミュニケーションに基づく。現在進行中の批判的な論争については,以下をはじめとする web サイトで多くのことを知ることができよう。http://www.sourcewatch.org/index.php?title=McDonald's, 2010 年 11 月 11 日.

(8) C. Perrow, *Normal Accidents: Living with High Risk Technologies* (1984, Basic Books, Princeton, NJ: Princeton University Press, 1999)

(9) 組織ネットワークの議論については,以下が参考になる。

N. Nohria and R. Eccles, *Networks in Oranizations,* 2nd edn. (Boston, MA: Harvard Business School Press, 1992).

この分野の名著として,

Mark Granovetter, 'The Strength of Weak Ties', *American Journal of Sociology*, 78 (1973): 1360-80.

(10) アクションネットは,社会学でよく知られたアクターネットワーク理論(actor network theory: ANT)と対照的である。アクションネットについては,以下。

B. Czarniawska's 'On Time, Space and Action Nets', *Organization,* 11 (6) (2004): 773-91. ANT については, B. LaTour, *Reassembling the Social: An Introduction to Actor Network Theory* (Oxford: Oxford University Press, 2005). [伊藤嘉高訳『社会的なものを組み直す:アクターネットワーク理論入門』法政大学出版局,2019]

Chapter 6

(1) B. Googins, P. Mirvis, and S. Rochlin, *Beyond Good Company: Next Generation Corporate Citizenship* (New York: Palgrave, 2007).

(2) 下部構造・上部構造というコンセプトは以下。

K. Marx, *A Contribution to the Critique of Political Economy* (1859; Moscow: Progress Publishers, 1977) ［武田隆夫・遠藤湘吉・大内力・加藤俊彦訳『経済学批判』岩波書店，1956（他訳書あり）］。

(3) 「あらゆる常識が煙となって…」は以下。

K. Marx and F. Engels, 'Bourgeoisie and Proletarians', *The Communist Manifesto* (1848; http://www.apu.ac.jp/jse/THE%20COMMUNIST%20MANIFESTO.htm，リンク切れ). ［森田成也訳『共産党宣言』光文社，2020（他訳書あり）］

(4) 超ひも（超弦）理論の新しい物理学への入門書は以下。

M. Kaku, *Hyperspace: A Scientific Odyssey through Parallel Universes, Time Warps, and the Tenth Dimension* (Oxford: Oxford University Press, 1994). ［稲垣省五訳『超空間：平行宇宙，タイムワープ，10次元の探究』翔泳社，1994。物質エネルギーによって空間はゆがむことから，多くの物理学者は，宇宙は4次元の球「超球」によってできていると考えている。超球内部では，光は短い方の周に沿って円を描いて我々の目に戻ってくるために，自分の後側が目の前に見えるような現象がおきるはずだという。詳しい説明はこの翻訳書の pp.140-146。］

(5) A. E. Abbott, *Flatland: A Romance of Many Dimensions* (London: Seeley & Co. 1884) ［竹内薫訳『フラットランド：たくさんの次元のものがたり』講談社，2017（他訳書あり）］

(6) 新しい物理学とスピリチュアリティの関連については以下。

A. Zajonc (ed.), *The New Physics and Cosmology: Dialogues with the Dalai Lama* (Oxford: Oxford University Press, 2004).

(7) M. J. Hatch and M. Schultz, *Taking Brand Initiative: How Corporations Can Align Strategy, Culture and Identity through Corporate Branding* (San Francisco, CA: Wiley/Jossey-Bass, 2008).

(8) 組織化のメタファーとしてのジャズについてさらに知りたければ，以下。

M. J. Hatch, 'Exploring the Empty Spaces of Organizing: How Improvisational Jazz Helps Redescribe Organizational Structure', *Organization Studies*, 20 (1999): 75-100.

Appendix

(1) É. Durkheim, *Suicide: A Study in Sociology* (New York: The Free Press, 1951). ［宮島喬訳『自殺論』中公新書，1985］

(2) R. Weber, 'The Rhetoric of Positivism versus Interpretivism: A Personal View', *MIS Quarterly,* 28/1 (2004): iii-xii. http://www.misq.org/archivist/vol/no28/issue1/EdCommentsV28N1.pdf　リンク切れ

(3) M. Heidegger, *On the Way to Language* (New York: Harper & Row, 1971), p. 101. Unterwegs zur Sprache (1959)［亀山健吉・ヘルムート＝グロス訳『言葉への途上』（ハイデッガー全集第 12 巻）創文社，1996］

(4) 言語論的転回については，多くの論者がいるが，ここでは 3 つだけ取り上げておく。

ディスコースに関してまず読むべきは以下。

M. Foucault, *The Order of Things* (London:Pantheon, 1970).［渡辺一民・佐々木明訳『言語と物〈新装版〉：人文科学の考古学』新潮社，2020］

言語行為論（speech act theory）は，言語が現実を作りうるという発想を大いに促すところがある（例えば，'I thee wed'＝結婚式での誓い「われ汝を娶る」）。これについては以下。

J. L. Austin, '*How To Do Things with Words*', *The William James Lectures delivered at Harvard University in 1955,* ed. J. O. Urmson (Oxford: Clarendon Press, 1962).［飯野勝己訳『言語と行為：いかにして言葉で物事を行うか』講談社学術文庫，2019（他訳書あり）］

意味は固定的ではないという見方は，ジャック・デリダが提示した。

J. Derrida, *Writing and Difference,* tr. Alan Bass (Chicago, IL: University of Chicago Press, 1978).［谷口博史訳『エクリチュールと差異〈改訳版〉』法政大学出版局，2022］

177

（5） J. Habermas, *The Theory of Communicative Action,* Vol. 1: *Reason and the Rationalization of Society,* tr. T. McCarthy (Boston, MA: Beacon Press, 1984). ［丸山徳次・丸山高司訳『コミュニケイション的行為の理論（上・中・下）』未来社，1985-1987］

（6） H. Tsoukas and R. Chia, 'Organizational Becoming: Rethinking Organizational Change', *Organization Science,* 13 (5) (2002): 567-82.

（7） W. B. Yeats, 'Among School Children', http://athome. harvard.edu/ programs/vendler/vendler_segment6_set.html リンク切れ

訳注：リスト中にある邦訳書は，多くの場合ドイツ語，フランス語などで書かれた原書からの翻訳である。大文字のTの真理，小文字のtの真理のように，ハッチが用いた表現や本書で採用した訳語の中には，ここで挙げられた邦訳書の中に直接見つけられないものがある。また，［　］内は訳者が補った。誤りや欠落は，増刷時に反映させたいと思っている。

参考文献

組織論（一般）

B. Czarniawska, *A Theory of Organizing* (Cheltenham, UK: Edward Elgar, 2008)

M. J. Hatch (with A. Cunliffe), *Organization Theory: Modern, Symbolic and Postmodern Perspectives*, 2nd edn. (Oxford: Oxford University Press, 2006)［大月博司・日野健太・山口善昭訳『Hatch 組織論』同文舘出版，2017（第 3 版の邦訳）］

システム論

L. Von Bertalanffy, *General System Theory: Foundations, Development, Applications* (1968; New York: George Braziller, 1976)［長野敬・太田邦昌訳『一般システム理論―その基礎・発展・応用』みすず書房，1973］

資本主義とグローバリゼーション

N. Ferguson, *Empire: The Rise and Demise of the British World Order and the Lessons for Global Power* (London: Basic Books, 2002)［山本文史訳『大英帝国の歴史（上・下）』中央公論新社，2018］

N. Ferguson, *Colossus: The Price of America's Empire* (New York: Penguin, 2004)

技術とイノベーション

S. Burns and G. M. Stalker, *The Management of Innovation* (London: Tavistock, 1961)

C. Perrow, *Normal Accidents: Living with High Risk Technologies* (1984, Basic Books; Princeton, NJ: Princeton University Press, 1999)

組織環境とコンティンジェンシー理論

H. Aldrich, *Organizations and Environments* (Palo Alto, CA: Stanford University Press, 2007)

L. Donaldson, *The Contingency Theory of Organizations* (Thousand Oaks, CA: Sage, 2001)

制度理論と社会運動

R. Greenwood, C. Oliver, K. Sahlin, and R. Suddaby, *Sage Handbook of Organizational Institutionalism* (London: Sage, 2008)

W. R. Scott, *Institutions and Organizations* (Thousand Oaks, CA: Sage, 2001)［河野昭三・板橋慶明訳『制度と組織』税務経理協会，1998］

G. F. Davis, D. McAdam, W. R. Scott, and M. N. Zald (eds.), *Social Movements and Organization Theory* (New York: Cambridge University Press, 2005)

組織文化

N. Ashkanasy, C. Wilderom, and M. Peterson (eds.), *The Handbook of Organizational Culture and Climate*, 2nd edn. (Thousand Oaks, CA: Sage, 2010)

J. Martin, *Cultures in Organizations: Three Perspectives* (New York: Oxford University Press, 1992)

E. Schein, *Organizational Culture and Leadership*, 3rd edn. (San Francisco, CA: Jossey-Bass, 1992)［梅津祐良・横山哲夫訳『組織文化とリーダーシップ』白桃書房，2012（第4版の邦訳）］

パワー

S. Clegg, D. Courpasson, and N. Phillips, *Power and Organizations* (London: Sage, 2006)

J. Pfeffer, *Managing with Power: Politics and Influence in Organizations* (Cambridge, MA: Harvard Business School Press, 1992)［奥村哲史訳『影響力のマネジメント』東洋経済新報社，2008］

フェミニスト理論

C. Gilligan, *In a Different Voice: Psychological Theory and Women's Development* (Cambridge, MA: Harvard University Press, 1993)〔川本隆史・山辺恵理子・米典子訳『もうひとつの声で―心理学の理論とケアの倫理』風行社，2022〕

組織アイデンティティ

　組織アイデンティティに関する G. H. ミードの著作からの抜粋を含む多くの古典的な論文は，以下の書籍に所収。

M. J. Hatch and M. Schultz (eds.), *Organizational Identity: A Reader* (Oxford: Oxford University Press, 2004)

B. Czarniawska, *Narrating the Organization: Dramas of Institutional Identity* (Chicago, IL: University of Chicago Press, 1997)

複雑系理論とソーシャルネットワーク論

S. Kauffman, *At Home in the Universe: The Search for Laws of Complexity* (Harmondsworth: Penguin, 1995)〔米沢富美子監訳『自己組織化と進化の論理―宇宙を貫く複雑系の法則』ちくま学芸文庫，2008〕

D. J. Watts, *Six Degrees: The Science of a Connected Age* (New York: W. W. Norton, 2003)〔辻竜平・友知政樹訳『スモールワールド・ネットワーク〔増補改訂版〕』ちくま学芸文庫，2016〕

R. A. Axelrod and M. D. Cohen, *Harnessing Complexity: Organizational Implications of a Scientific Frontier* (New York: Free Press, 2000)〔髙木晴夫監訳・寺野隆雄訳『複雑系組織論―多様性・相互作用・淘汰のメカニズム』ダイヤモンド社，2003〕

組織化のプロセス理論

　ソーカスとラングレイによって編纂されたプロセス組織研究の視点シリーズ（The Perspectives on Process Organization Studies series）は組織におけるプロセス研究に特化した書籍を年次で出版している。第 1 巻は T. Hernes and S. Maitlis, *Process, Sensemaking and Organizing* (Oxford: Oxford University Press, 2010)

訳者解説

本書は 2011 年に Oxford University Press より Very Short Introductions シリーズの一冊として刊行された Mary Jo Hatch, *Organizations: A Very Short Introduction* の全訳である。

本書で展開されたハッチの組織理論の特徴として，経営実践と隣り合わせになっている「シンボリック・解釈主義という方法論上の視点」，形あるモノとして存在する「物質や物的構造への注目」，そして組織化（organizing）という「変化のプロセスを捉えるフレームワーク」の提示の 3 点を指摘することができる。

まず，本書は主に，シンボリック・解釈主義の立場から組織について論じている。シンボリック・解釈主義の最も重要な特徴が，本書にしばしば登場する意味生成（sense making あるいは meaning making）への注目である。コミュニケーションを例に説明しよう。コミュニケーションは，辞書に載っているとおり知覚・感情・思考の伝達として定義されることが一般的であるが，シンボリック・解釈主義にたって意味生成として理解することが適切な場合も少なくない。例えば，思いもかけず好意的に受け止めてくれてうれしかった，とか，そんな風に解釈されるとは思ってもみなかった，という経験は誰しもあることだろう。これはコミュニケーション相手が，発言にとどまらぬ「あなた」に対して，文脈を踏まえて意味を生成しているからである。

シンボリック・解釈主義の立場からは，対人間のコミュニケーションにとどまらず，あらゆることを意味の生成として捉えることができる。リーダーシップはフォロワーがどう受け止めるかが重要，ブランドの価値は企業ではなく消費者の認識にかかっている，

ミサイルの供与はロシアが脅威と受け止めるかもしれない etc., このような事例を挙げれば，シンボリック・解釈主義には，実践的な意義があることがわかっていただけるのではないだろうか。

　意味生成が個人ごとに異なっていては，組織も社会も成り立たない。ある事柄に対しては，その広がりはパートナーや家族から友人，集団，組織，社会，宗教，世界に至るまで広狭があるが，ある程度共通の解釈が成り立つ。この共通の解釈を成り立たせるのが間主観性（intersubjectivity）であり，間主観性ゆえに一定の枠内での意味生成が可能な対象が「シンボル」ということになる。

　本書のユニークさの 2 つ目は，物質や物的構造と組織文化の間に成り立つ物理的な，またシンボリックな（＝シンボルを介した）相互作用への注目である。例えば，物的構造の，近い遠い，見える見えないといった物理的条件はコミュニケーションの頻度に影響を与え，それはいずれは組織における，例えば上司と部下や同僚同士の関係についての基本的前提を形成するであろうし，以上のような物理的条件は，逆に基本的前提の影響を受けて，例えばオフィスを設計する際に物的構造へと反映される。

　また物的構造の持つシンボルとしての機能（symbolism は，本文中ではこのように訳出した）もまた同様に文化に関わっている。ロゴや意匠，建築物，キャラクターは間違いなく組織文化の反映であるし，逆にそのシンボリックな意味が（＝どう受け止められるかが）文化に働きかけている，ともいえる（ノートルダム大学のタッチダウンイエス（図 15）を思い出していただきたい）。

　わが国では，野中郁次郎や伊丹敬之のように「場」の重要性を指摘してきた経営学者もいたし，ホンダの「ワイガヤ」や「白い作業着」のように実務的にも物的構造と文化の関係は長らく認識されてきたことでもある。他方，E.H. シャインの文物 - 価値観 - 基本的前

提のモデル（図 13）が広く知られていることもあって，文化に対する関心は，基本的前提を根づかせたり変革したりする実践的手法や，アクションリサーチのように相互作用を直接観察して読み解く方法に偏っていたという印象を私は持っている。この点で本書は，組織文化論における物的構造の役割を（再）評価しているのである。

　３つ目に，実体としての組織（organization），個別具体的な組織（organizations）とともに，３つ目の O である「組織化（organizing）」のプロセスへの注目，つまり変化し続けるダイナミズムとして組織をとらえようとする視点を見逃せない。ところで，「実体としての組織」はどう訳すか悩んだ言葉の１つである。「概念としての組織」が候補に挙がったが，上で述べたように，組織が形あるモノでもあることを強調しているところに本書のユニークさがある。概念と訳してしまえば，形あるモノというニュアンスは失われてしまうだろう。もちろん，「単数形の組織」では何が言いたいのか伝わらない。図表 2 に，an entity という表現があるので，それをヒントにこの訳語を採用した。

　さて話が横道にそれてしまったが，ひと，組織，環境，技術，物的構造 etc の相互作用を通じて意味生成が繰り返されることによって，組織は常に組織化の状態にある。第 5 章の愉快な三人組のエピソードは，組織化のプロセスそのものを記述したものであるし，図 20 は，組織が組織アイデンティティを媒介として，その文化を変えていく様子をモデル化している。

　ハッチによれば，シンボリック・解釈主義とは，別の呼び方をすれば定性的アプローチのことである。なぜそうなったのか，という背景や経緯を知ることは，ある瞬間の組織をより適切に理解するためにも不可欠である。つまり，今そこにある個別具体的な組織（organizations）を理解するためには，実体としての組織（organization）についての

知識とともに，その組織がそこまでたどってきた組織化（organizing）の過程を考慮することが必要である。第6章に紹介されている『フラットランド：たくさんの次元のものがたり』を手がかりにいえば，二次元の世界では，三角形も円もすべて線にしか見えない。三次元目の高さを加えて，初めて図形はその形がわかるのである。同じように，少なくとも四次元目の軸である時間を考慮して，初めて組織はその本当の姿を私たちの前に見せてくれるのであろう。というわけで，本書が提示する組織化概念は，よって立つアプローチを問わず，また実務家であるか研究者であるかを問わず，組織（organization(s)）を理解するのに有益であろう。

　さらに，第6章では超次元物理学にインスピレーションを得て，文化に基づく間主観性によって，過去の影響を受けつつ未来を紡ぎ出していくような組織化が可能になっているという野心的な議論が展開されている。

　この第6章の組織化の議論は，本書では言及されていないが，おそらくは（先行）理解→解釈→理解というハイデガーとガダマーの解釈学的循環の影響を強く受けている。2人の哲学者の唱えた解釈学的循環を手がかりに組織化を考えてみると，先人たちが積み重ねてきた文物を含む文化とそれらに対する間主観的な解釈の影響をうけて，現時点のメンバーたちは解釈と相互作用を行い，現時点の文化を生み出す。この解釈と相互作用の結果生み出された文化がまた将来の解釈の対象となり，この繰り返しによって，組織は継続性・一貫性を保ちつつも変化し続けているのである。この見方について，後述する講演「物的構造と組織文化」では，ディズニーがキャラクターやテーマパークという物理的な形を持った文物を手がかりに，どう組織化を続けてきたかという例をしめしてくれた。というわけで，この講演は，ハッチの組織化モデルを理解するのに最適の参考文献である。

　著者のハッチ教授はコロラド大学で建築学，インディアナ大学で英文学とクリエイティブ・ライティングを学んだのち，経営学の世界へと転じている。スタンフォード大学では，ジェームズ・マーチの教えを受け，博士号を授与された。また，アメリカ，ヨーロッパ，シンガポールのいくつかの大学で教鞭をとった経験を持っている。*The Three Faces of Leadership: Manager, Artist, Priest*（2005），*Taking Brand Initiative: How Companies Can Align Strategy, Culture, and Identity through Corporate Branding*（2008）をはじめとして，多数の著作があるが，日本語では，本書の他に『Hatch 組織論：3 つのパースペクティブ』，2019 年に駒澤大学経営学部創立 50 周年を記念して開催した組織学会研究発表大会での講演「物的構造と組織文化」（『駒大経営研究』第 52 巻 3・4 号に収録）を読むことができる。機関リポジトリからダウンロードしてお読みいただければ，本書の内容を理解する上で大いに役立つものと思う。

　さて，翻訳の解説らしく，翻訳の裏側について書いて終わりたい。1 章は宇田，2 章は日野，3 章，6 章は加藤，4 章は伊藤，5 章は真木，補遺は松﨑と宇田が翻訳したのち，日野と宇田が手分けして一回目の監訳作業を行った。そののち各章の担当者を招いて再度検討を重ねた。この過程では早稲田大学商学部助手の古田駿輔くんにも何度か参加してもらい，訳文の平易さについてご助言いただいた。各章の担当者からすれば，最初の訳文には各人の工夫や思いがあったものと思う。監訳者の 2 人はそれを踏み潰す無神経さで手を入れた部分も多かったし，古田くんには組織論と経営史という学問的立場の異なる 2 人の長話にいつまでもつき合わせてしまった。が，このプロジェクトに参加して下さったみなさんは，みな人格者でむしろ優れたヒントをたくさん提示してくれた。同文舘出版の青柳裕之さん，佐々木葵さんには，本書翻訳の機会を作っていただいたにもかかわらず，コンパクトな本なのになかなか終わらない監訳を始

めご迷惑をかけ続けてしまった。監訳の2人は関係するみなさんに
お礼とお詫びを申し上げなければならない。

　本書には，ハッチ教授の学識と経験の広さに基づくエピソードや
メタファーがたくさん出てくる。また翻訳は，英語から日本語への
移し替えという単純な作業ではない。多義的な原文を元に意味生成
するプロセスと見ることもできる。私たちは，翻訳を進めつつ，こ
れはどういう意味だろうか，とか，こうもとれるのではないか，と
議論を重ねた。本書は以上のような組織化のプロセスを経て完成し
た。読者のみなさんが私たち同様に，本書の内容に触発されて，書
いてあること以上に組織についての考えを深めていただければ，と
願っている。

訳者を代表して　日野健太

＊翻訳にあたって科学研究費補助金（19K01869）の支援を受けた。

事項索引

英数

『1984 年』 ························· 46

3 つの O ········· 9, 12, 13, 18, 19, 148, 156

BP ······································ 128

IBM ······························ 132, 142

LEGO ································· 140

Wikipedia ···························· 145

あ

アート ···························· 149-153

アートとデザイン ················ 149-151

アイデンティティ
··············· 44, 118-127, 143, 149

アイデンティティのポリティクス
································· 82, 91

アクション・ネット ················· 134

新しい物理学 ····················· 146-148

石 ··· 2

意思決定 ································· 86

イナクトメント ············· 62, 63, 164

イノベーション ······················ 132

『ウォールデン:森の生活』 ··············· 34

オーガニグラム ······················ 27

か

解釈主義的認識論 ··············· 159, 160

階層 ······························· 31-33

階層組織 ··························· 67, 68

階層と協調 ···························· 32

外部適応と内部統合 ··········· 71, 127

科学的管理法 ························ 14

環境 ······················ 28, 54, 87-90

間主観性 ················· 60, 147-149

官僚制 ··············· 37-39, 68, 131

企業文化 ······························ 79

規模 ································· 29

客観主義的存在論 ··········· 159, 160

競争 ····························· 33, 82

競争と協調 ···························· 3

グーグル ······························ 27

グローバル化 ············· 6, 12, 109, 128

クロマニョン人 ················ 120, 153

啓蒙主義 ············· 99-102, 106, 108

権限 ···························· 31-33, 83-85

言語論的転回 ························ 161

原子力発電 ························· 128

限定合理性 ·························· 86

権力 ··········· 31, 44, 82-91, 98-106

権力-知識概念 ····················· 103

合理性 ····························· 99, 106

『国富論』 ···························· 33

『国家』 ······························· 33

コンサルタント ····················· 101

コンシューマリズム ···················· 8

昆虫(アリ,ミツバチ) ················ 3

コンティンジェンシー理論 ········ 54, 118

コンピュータ ························· 52

コンフリクト ……………………… 90

さ

サウスウエスト航空 …………………… 19, 20
サブカルチャー ……………………… 21, 78-80

ジェンダー ………………………… 91-98
事業別構造 ……………………… 27
資源 ……………………… 65, 84-88, 131
市場と官僚制 ……………………… 67, 130
システム理論 ………… 18, 110, 127, 146
持続可能 ……………………… 25, 46
実証主義的認識論 ……………………… 159
資本主義 ……………………… 6-8, 23, 82
社会運動 ……………………… 68
社会構造 ……………………… 29-37, 54
社会的構築 ……………… 58, 59, 61-64, 163
社会的（再）構築 ……………………… 63
ジャズ ……………………… 152
宗教 ……………………… 91, 94
集合的無意識 ……………………… 22
主観主義的存在論 ……………………… 159
職能別構造 ……………………… 27
新技術 ……………………… 52
人種 ……………………… 91, 94
進歩神話 ……………………… 99
シンボル ……………… 70-78, 118-122
シンボルの機能（シンボリズム）
……………………… 70-73

真理の主張 ……………………… 102

『スーパーサイズ・ミー』 ……………… 124
ステイクホルダー（利害関係者）
……… 7, 65, 82, 88, 124, 139-143, 159
ステレオタイプ（固定観念） ……………… 91
ステレオタイプ化 ……………………… 94

性的指向 ……………………… 91, 94
正当性 ……………………… 65, 88
制度 ……………………… 5, 64-70, 150
赤十字 ……………………… 68
センスメーキング（意味形成）
……………… 58, 61-64, 73, 75, 78, 79, 163
専門職 ……………………… 36, 39

創発性 ……………………… 128
組織図 ……………………… 27
組織デザイン ……………………… 28-55
（組織の）発展段階 ……………… 111-118
組織文化 ……………… 43, 71-80, 110
即興 ……………………… 152

た

タスクの相互依存 ……………………… 48-52
建物のデザイン ……………………… 40, 94
多様性 ……………………… 91

ディスコース ……………………… 160-163
テキサス州教育委員会 ……………………… 103
テクスタグル ……………………… 53
テクノロジー ……………………… 43-54, 151
　集中型 ……………………… 48-52
　長連結型 ……………………… 48-52
　媒介型 ……………………… 48-52

動物（オオカミ，雄羊，ゴリラ，etc.）
……………………… 32, 44, 45, 95-98
トリプルボトムライン ……………………… 7

な

日産自動車 ……………………… 151
認知マップ ……………………… 62

ネットワーク ········· 52, 129-135, 143-145
年齢 ··· 91, 94
年齢層 ··· 94

ノートルダム大学 ··························· 77

は

バーチャル組織 ······························· 52
灰色オオカミ ··················· 32, 95-98
パフォーマンス ····························· 150
パワー ································· 133, 143
反基礎づけ主義 ··············· 160, 161

批判的実在論 ··············· 159, 160

フェミニスト ····························· 91-93
複雑性 ······································· 128
物質 ································· 119-122
物質の二重性原理 ····················· 10
物的構造 ··························· 40-44
部門化 ································· 35-37
『フラットランド：たくさんの
　次元のものがたり』 ····················· 146
フリーランス ··········· 53, 129, 138, 143
プロセス哲学 ····························· 164
分化 ································· 89, 115
文化 ········· 19-21, 118-127, 143-149, 165
文化とアイデンティティの
　ダイナミクス ··············· 118-127
文化理論 ································· 70

分業 ································· 33-35, 113
文物（人工物） ····················· 21, 72-75
ベネトン ································· 130

ポスト工業化 ····························· 151
ポスト工業社会 ····························· 139
ポスト構造主義 ····························· 160
ポストモダン（ポストモダニズム）
　·················· 98-106, 160-164
ポリティクス ····················· 82-91, 131

ま

マクドナルド ····················· 75, 124
『マトリックス』 ····················· 46, 105
マトリックス構造 ····························· 35
満足化 ································· 86

民主（化，的，主義）······· 7, 83, 105, 134
民族 ······································· 91, 94

メタファー ····················· 13-24, 162
　機械のメタファー ······· 14, 15, 46, 162
　精神の監獄のメタファー
　·················· 23, 42, 47, 78, 163
　文化のメタファー ····················· 20
　有機体のメタファー ····················· 16, 163

ら

連合体形成 ································· 87

191

人名索引

あ

アッカー，ジョーン ……………………… 92
アボット，エドウィン・アボット … 146
イエイツ，ウィリアム・バトラー‥ 165
ウイリアムソン，オリバー ………… 67
ウェーバー，マックス ‥‥ 31, 37, 38, 158
ウォシャウスキー姉妹 ………… 46, 105
ウッドワード，ジョアン …………… 54
エンゲルス，フリードリヒ ………… 21
オーウェル，ジョージ ……………… 46

か

ガーフィンケル，ハロルド ……… 59, 60
カーン，ロバート …………………… 116
ガグリアルディ，パスクアル ……… 72
カッツ，ダニエル …………………… 116
ギアツ，クリフォード ……… 19, 71, 121
ケレハー，ハーブ …………………… 19
コント，オーギュスト ……………… 158

さ

サイモン，ハーバート ……………… 86
シャイン，エドガー …………… 71, 72, 127
スパーロック，モーガン …………… 124
スミス，アダム ………………… 33, 67
ソロー，ヘンリー・デイビッド ……… 34

た

ダーウィン，チャールズ …………… 16
チャルニャフスカ，バルバラ ……… 134
デューイ，ジョン …………………… 119
デュルケーム，エミール …………… 158
トーマス，ウィリアム・アイザック … 61
トンプソン，ジェームス …………… 48

は

バーガー，ピーター ………………… 59
ハイゼンベルク ……………………… 11
ハイデガー，マルティン ………… 46, 161
フーコー，ミシェル ………………… 102
フォレット，メアリー・パーカー …… 90
プラトン ……………………………… 33
フリーマン，R・エドワード ………… 7
ブルデュー，ピエール ……………… 94
フロイト，ジークムント …………… 22
ベルタランフィ，
　　ルートヴィヒ・フォン ………… 16
ペロー，チャールズ ………………… 128
ベンサム，ジェレミ ………………… 40
ボールディング，ケネス …………… 18

ま

マルクーゼ，ヘルベルト …………… 46
マルクス，カール …… 21, 34, 82, 144, 158
ミード，ジョージ・ハーバート …… 122
モーガン，ガレス …………………… 13

や

ユング，カール ……………………… 22

ら

リオタール，ジャン・フランソワ
　　………………………… 99-102, 104
ルックマン，トーマス ……………… 59

わ

ワイク，カール ………………… 61-63

【著者紹介】

メアリー・ジョー・ハッチ（Mary Jo Hatch）

バージニア大学マッキンタイヤ・スクール名誉教授。シンガポール経営大学特任教授，イエテボリ大学客員教授，オックスフォード大学企業レピュテーション研究所国際招聘研究員などを歴任。そのほかサンディエゴ州立大学，コペンハーゲン・ビジネススクール，クランフィールド大学スクール・オブ・マネジメントなどアメリカ，ヨーロッパ，アジアで教鞭をとった経験を持つ。

The Three Faces of Leadership: Manager, Artist, Priest（2005），*Taking Brand Initiative: How Companies Can Align Strategy, Culture, and Identity through Corporate Branding*（2008），*Organization Theory: Modern, Symbolic and Postmodern Perspectives*, 4th edn.（2018）など，これまでに数多くの著作と論文を公表。

【訳者紹介】〔翻訳担当〕

日野 健太（ひの・けんた）〔監訳，はしがき，Chapter 2，注，訳者解説〕
駒澤大学経営学部教授，博士（商学）早稲田大学
1972 年生まれ。
早稲田大学大学院商学研究科博士後期課程単位取得退学。
専門は経営学，経営組織論。

宇田 理（うだ・おさむ）〔監訳，Chapter 1，Appendix，参考文献〕
青山学院大学経営学部教授，神戸大学経済経営研究所リサーチ・フェロー
1969 年生まれ。
早稲田大学大学院商学研究科博士後期課程単位取得退学。
専門は経営史，経営学。

加藤 敬太（かとう・けいた）〔Chapter 3，Chapter 6〕
埼玉大学大学院人文社会科学研究科教授，博士（経営学）大阪大学
1977 年生まれ。
大阪大学大学院経済学研究科博士後期課程修了。
専門は経営学，経営組織論，経営戦略論。

伊藤 智明（いとう・ちあき）〔Chapter 4〕
横浜市立大学国際商学部准教授
1980 年生まれ。
神戸大学大学院経営学研究科博士前期課程修了。
専門は経営学，アントレプレナーシップ，ことばの交換。

真木 圭亮（まき・けいすけ）〔Chapter 5〕
九州産業大学地域共創学部准教授
1982 年生まれ。
早稲田大学大学院商学研究科博士後期課程単位取得退学。
専門は経営組織論，経営戦略論，マネジメントファッション。

松﨑 保昌（まつざき・やすまさ）〔Appendix〕
千葉県袖ケ浦特別支援学校教諭，青山学院大学大学院経営学研究科博士後期課程
1975 年生まれ。
一橋大学大学院商学研究科修士課程修了。
専門は経営史。

〔翻訳協力者〕

古田 駿輔（ふるた・しゅんすけ）〔はしがき，ほか〕
早稲田大学商学部助手
1990 年生まれ。
早稲田大学大学院商学研究科博士後期課程単位取得退学。
専門は経営学，経営組織論，現代企業論。

2024 年 2 月 20 日　　初版発行　　　　　　　　略称：組織エッセンス

組織論のエッセンス

監訳者　Ⓒ　日　野　健　太
　　　　　　宇　田　　　理

発行者　　中　島　豊　彦

発行所　同　文　舘　出　版　株　式　会　社
　　　　東京都千代田区神田神保町 1-41　　〒 101-0051
　　　　営業（03）3294-1801　　　編集（03）3294-1803
　　　　振替 00100-8-42935　https://www.dobunkan.co.jp

Printed in Japan 2024　　　　　　　　DTP：マーリンクレイン
　　　　　　　　　　　　　　　　　印刷・製本：三美印刷
　　　　　　　　　　　　　　　　　装丁：志岐デザイン事務所

ISBN978-4-495-39079-2

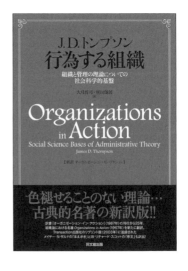